PARLARE L'ITALIANO CON LA GRAMMATICA

이탈리아어 40강

조문환

HU:iNE

머 리 말

이탈리아는 지중해 위에 공을 차는 장화 모양으로 떠 있는 모습을 하고 있는 재미있는 나라다. 그래서인지 이탈리아인들은 구두를 잘 만들 뿐만 아니라 축구를 광적으로 좋아한다. 재주가 많아 명품을 잘 만들어내는 세밀함과 상상력을 갖고 있지만 표현도, 웃음도, 눈물도 많은 기분파 다혈질이다. 동정심이 많은 반면 남을 속이기도 잘 한다. 이렇게 다면체인 이탈리아 앞에서 사람들은 이탈리아를 끊임없이 찬미하고 끊임없이 욕하면서 결국 지중해의 아름다운 나라 이탈리아를 동경하곤 한다.

우리나라에서 '이탈리아'는 음악, 미술전공자, 패션 및 디자인 전공자, 건축 관련자, 종교인, 관광업계 종사자, 무역업자들의 관심의 대상이었으나 최근에 이탈리안 푸드와 명품 등의 인기가 더해지면서 이 나라에 대한 관심이 일반화 되었다. 이에 따라 이탈리아어를 배우고자 하는 한국인의 수는 증가일로에 있지만 언어적, 문화적 차이로 인해 이탈리아어의 습득이 쉽지만은 않은 것이 사실이다.

이탈리아어는 대표적인 굴절 언어의 하나로 단어가 두 개만 나열되어도 형태가 변화하는 언어이기 때문에 말을 하거나 글을 쓸 때 기본적으로 문법에 대한 기초지식이 선행되지 않으면 말을 할 수 없는 언어이다. 따라서 이탈리아어 회화를 하는데 있어서 확고한 문법 지식은 필수 요건이다. 그렇다고 해서 이탈리아어가 복잡한 문법 때문에 늘 어렵기만 한 것은 아니다. 굴절을 통한 문법체계가 처음에 다소 복잡하고 생소하게 보일 수도 있으나 숙어 표현이 거의 없고 대부분의 문장이 정확한 규칙의 체계 내에서 운용되는 점은 이 언어의 습득을 용이하게 하는 또 다른 반대급부이자 장점이다.

이탈리아어의 이러한 기본 특성을 고려하여 본서는 문법의 습득순서에 따른 순차적 단원구성을 하고 있으며 불필요한 암기식 문장 산출을 배제시킴으로써 말하는 이의 생각 그리고 규칙과 논리에만 기초하여 문장을 산출할 수 있게 하는 창조적 방법론을 제시하고 있다. 독자 여러분은 각 과의 첫머리에 제시된 어휘와 문법을 참고해서 문형과 대화가 어떤 패턴으로 실현되는지를 곰곰히 따져보기 바란다.

이탈리아어를 모르는 초보 학습자가 순차적 학습을 통해 기초적 대화가 가능한 수준에 도달할 수 있도록 본서가 확실한 길잡이 역할을 하게 되길 희망하며 독자 여러분들에게 새로운 외국어를 논리적으로 배우는 기쁨을 줄 수 있기를 기대한다.

2006년 9월

저자 조 문 환

차 례

Italiano

이탈리아어 40강

PARLARE L'ITALIANO
CON LA GRAMMATICA

L'alfabeto

철자와 발음

학습포인트

a. 이탈리아어 개관
b. 이탈리아어의 철자와 발음

어휘

[명사]

albero (나무)
chiodo (못)
città (도시)
gelato (아이스크림)
gloria (영광)
Italia (이탈리아)
paese (나라, 국가)
repubblica (공화국)
televisione (텔레비전)
vibrazione (진동, 바이브레이션)
capitale (수도)
cielo (하늘)
Corea (한국)
ghiaccio (얼음)
insegnante (선생님)
Mediterraneo (지중해)
radio (라디오)
sci (스키)
uomo (남자)

알파벳

이탈리아어는 라틴어에 뿌리를 두고 있는 로망스어 계열의 한 언어로 프랑스어, 스페인어, 포르투갈어, 루마니아어 등의 언어와 어휘, 문법에 있어 유사성을 갖고 있다. 이탈리아어는 여러 학문 영역의 연구와 관련하여 유용성을 지닐 뿐만 아니라 음악, 미술, 디자인, 건축 등 현대의 실용적인 영역에서도 그 필요성이 인정되는 언어로서 이탈리아 반도 내 약 6,000만의 인구가 사용하는 언어이다.

이탈리아어의 알파벳은 5개의 모음(a, e, i, o, u)과 16개의 자음인 총 21개의 철자로 이루어져 있으며 다음과 같이 발음된다.

A a	[a]	아
B b	[bi]	비
C c	[ci]	치
D d	[di]	디
E e	[e]	에
F f	['effe]	에페
G g	[gi]	지
H h	['acca]	악까
I i	[i]	이
L l	['elle]	엘레
M m	['emme]	엠메
N n	['enne]	엔네
O o	[o]	오
P p	[pi]	삐
Q q	[qu]	꾸
R r	['erre]	에레
S s	['esse]	엣세
T t	[ti]	띠
U u	[u]	우
V v	[vu]	부
Z z	['zeta]	제따

영어와 비교해 볼 때 이탈리아어의 알파벳에 없는 5개의 문자 (J, K, W, X, Y)는 외래어 및 고유명사 등을 표기할 때 사용되며 다음의 명칭으로 불린다.

J j	[i lungo]	이 룽고
K k	[kappa]	캅빠
W w	[doppio v]	돕삐오 부
X x	[ics]	익스
Y y	[ipsilon]	입실론

이탈리아어는 쓰여진대로 발음되므로 청각적으로 매우 명확한 음성체계를 갖고 있다. 쓰여진대로 발음하되 다음의 규칙은 준수되어야 한다.

C

ca (까) ce (체) ci (치) co (꼬) cu (꾸)
ca (까) che (께) chi (끼) co (꼬) cu (꾸)

G

ga (가) ge (제) gi (지) go (고) gu (구)
ga (가) ghe (게) ghi (기) go (고) gu (구)

GL

gla (글라) gle (글레) gli (리) glo (글로) glu (글루)

GN

gna (냐) gne (녜) gni (니) gno (뇨) gnu (뉴)

H

묵음

R

설전음

SC

sca (스카) sce (쉐) sci (쉬) sco (스코) scu (스쿠)

주의 a. b/v, f/p, l/r의 발음의 차이에 주의
b. 각 단어마다 악센트(개음, 폐음)가 존재한다는 사실에 유의
c. 'ca'나 'co'같은 발음은 경음(까, 꼬)이나 격음(카, 코), 혹은 그 사이의 발음이므로 한글에서 혼용 표기하였음.

발음연습

a. 단어

Italia (이딸리아)
albero (알베로)
vibrazione (비브라치오네)
cielo (치엘로)
gelato (젤라또)
insegnante (인세냔떼)
hanno (안노)
radio (라디오)
Corea (꼬레아)
televisione (텔레비지오네)
uomo (우오모)
chiodo (키오도)
ghiaccio (기아쵸)
gloria (글로리아)
gli (리)
sci (쉬)

b. 문장

L'Italia è un paese europeo situato nel Mediterraneo. La capitale politica è Roma, ma quella economica è Milano. Roma è una città molto grande e molto bella. Milano è una città industriale molto grande. L'Italia è una repubblica.

리탈리아 애 운 빠에세 에우롭뻬오 시뚜아또 넬 메디테라네오. 라 까피탈레 폴리디까 애 로마, 마 꿸라 에코노미까 애 밀라노. 로마 애 우나 치따 몰또 그란데 에 몰또 벨라. 밀라노 애 우나 치따 인두스트리알레 몰또 그란데. 리탈리아 애 우나 렙푸블리까.

01 Che cos'è questo? Che cosa sono questi?

이것은 무엇입니까?

학습포인트

a. 명사의 성과 수
b. 지시대명사 '이것'('questo')의 변형
c. '주어(사물) + essere(~이다) 동사 + 명사' 구문

어휘

[의문사] che, cosa, che cosa (무엇)

[Be동사] essere (~이다)

[지시대명사] questo / i / a / e (이것)

[명사]

cane (개)	casa (집)
chiave (열쇠)	cosa (것, 물건)
cuoco (요리사)	finestra (창문)
giornale (신문)	gomma (지우개, 고무)
libro (책)	luce (불빛, 전기)
mano (손)	matita (연필)
metro (지하철)	orologio (시계)
padre (아버지)	pavimento (바닥)
penna (펜)	pianista (피아니스트)
porta (문)	problema (문제)
programma (프로그램)	quaderno (공책)
sedia (의자)	soffitto (천정)
tavolo (테이블, 책상)	televisione (텔레비전)

[부사] No (아니오) Sì (예)

핵심문법

1 이탈리아어의 명사에 대해 알아보기로 하자. 이탈리아어의 모든 명사는 남성과 여성으로 분류된다. 또한 단수와 복수의 개념을 항시 동반한다. 이러한 성과 수의 개념은 어미 굴절을 통해 이루어지게 된다. 따라서 하나의 명사는 어미 굴절을 통해 다른 형태를 띈다.
하지만 수많은 명사의 성을 우리는 어떻게 판별할 수 있을까? 판별법은 매우 간단하다.

-o로 끝나는 거의 대부분의 명사('기본형이 -o인 명사')는 남성단수 명사이다.

예 libro, quaderno, pavimento, tavolo, soffitto, orologio

-a로 끝나는 거의 대부분의 명사('기본형이 -a인 명사')는 여성단수 명사이다.

예 porta, finestra, penna, casa, gomma, sedia, matita

하지만 모든 단수명사가 -o나 -a로만 끝나는 것은 아니고 -e로 끝나는 명사('기본형이 -e인 명사')들도 있다. -e로 끝나는 명사의 성은 사전 상에서 확인할 수 밖에 없다.

예 padre, giornale, cane 남성단수
luce, televisione, chiave 여성단수

기본형이 -o, -a, -e인 단수명사들은 복수의 개념을 표현하기 위해 각각 -i, -e, -i로 어미 굴절을 한다.

예 libro → libri
casa → case
giornale → giornali

이를 공식화하면 다음의 도표로 나타낼 수 있다.

	단 수	복 수
남성명사	-o	-i
여성명사	-a	-e
남성 혹은 여성명사	-e	-i

앞에서 '기본형' 이란 용어를 쓴 이유는 해당명사가 여러 형태로 굴절하지만 사전 상에서는 대표가 되는 단수명사 형태 하나만을 수록하기 때문이다. 따라서 'libro', 'libri', 'casa', 'case' 란 단어의 의미를 알고자 한다면 사전에서 'libro' 와 'casa' 를 찾아야 한다.

대부분의 남성명사는 -o, 대부분의 여성명사는 -a로 끝나고 복수는 각기 -i와 -e의 형태로 어미굴절을 하며 -e로 끝나는 명사는 남성인지 여성인지 알 수 없지만 그 복수 형태는 -i로 굴절한다고 하였다. 하지만 이러한 규칙을 위배하는 불규칙 명사들이 소수 존재하기도 한다.

예 pianista → pianisti(e) 남성 혹은 여성명사
problema → problemi, programma → programmi 남성명사
metrò → metrò, mano → mani 여성명사

2 이탈리아어의 명사는 전술한 바와 같이 성과 수의 개념에 따라 네 가지의 형태를 지니게 되므로 어떠한 명사를 '이것' 이라는 대명사로 표현할 경우, 이 대명사 또한 지시하는 명사의 성과 수의 개념을 인수받게 된다. 따라서 '이것' 은 이탈리아어에서 questo(남성단수 대명사 '이것'), questi(남성복수 대명사 '이것'), questa(여성단수 대명사 '이것'), queste(여성복수 대명사 '이것')의 형태로 각기 다르게 사용된다.

3 이탈리아어의 기본 어순은 한국어와 달리 SVO(주어, 동사, 목적어)의 어순을 따르고 있으므로 '이것은 책입니다'를 이탈리아어로 표현하고자 한다면 '이것은, 입니다, 책'이라 해야 한다. 영어의 Be동사에 해당하는 것을 essere동사라 하는데 주어가 사물일 경우 다음과 같이 다른 형태로 굴절한다.

주어(사물)	essere
단 수	è
복 수	sono

문 형

A

Questo è un libro.

Questi sono libri.

B

Questa è una casa.

Queste sono case.

C

Che cos' è?

Questo è un quaderno.

Questa è una gomma

D

Che cosa sono?

Questi sono quaderni.

Queste sono gomme.

대 화

A Che cos'è?

B Questa è una televisione.

A Che cosa sono?

B Queste sono sedie.

A Questo è un libro?

B No, questo è un quaderno.

A È una porta, questa?

B No, è una finestra.

A Queste sono penne?

B Sì, sono penne.

연습문제

ⓐ È un libro questo?

ⓑ Sono finestre queste?

ⓒ Questi sono orologi?

ⓓ Che cosa sono questi?

ⓔ Sono giornali questi?

02

Sono uno studente coreano.

저는 한국인 학생입니다.

학습포인트

a. 주어(사람)와 Be동사의 일치
b. '주어(사람) + Essere동사 + 명사' 구문
c. 국적, 직업을 나타내는 어휘의 습득

어휘

[의문사] chi (누구)

[인칭대명사]

io (나) lei (그녀) Lei (당신)
loro (그들) lui (그) tu (너)
noi (우리) voi (너희)

[Be동사] essere (~이다 sono, sei, è, siamo, siete, sono)

[명사]

직업 - lavoro

avvocato (변호사) cuoco (요리사)
giornalista (저널리스트) impiegato (사원)
pianista (피아니스트) professore (교수)
signora (아주머니) studente (학생)

국적 - nazionalità

americano (미국인) cinese (중국인)
coreano (한국인) francese (프랑스인)
giapponese (일본인) italiano (이탈리아인)
spagnolo (스페인인) svizzero (스위스인)
tedesco (독일인)

[전치사] di (~의)

[접속사] e (그리고)

[인사말] Buon giorno!, Buongiorno! (안녕하세요)

핵심문법

1 영어의 경우 인칭대명사 주어와 Be 동사 간에 'I am~, you are~, He is~' 의 일치가 이루어지고 있는 것처럼 이탈리아어에서는 다음과 같은 규칙이 적용된다.

인 칭	Essere
io	**sono**
tu	**sei**
lui / lei / Lei	**è**
noi	**siamo**
voi	**siete**
loro / Loro	**sono**

예문 (Io) sono studente. 나는 학생이다.
(Lui) è coreano. 그는 한국인이다.

위 도표에서 보는 바와 같이 이탈리아어에서는 해당 인칭대명사 혹은 주어에 대한 Be 동사 서술어가 각기 고유의 굴절형태를 갖고 있기 때문에 주어를 생략할 수 있으며 주어가 생략되어도 동사를 통한 주어의 추론이 가능하다.

2 인칭대명사 주어 + Essere동사 다음에는 명사가 출현하여 문장을 이룰 수 있는데 이탈리아어의 명사는 반드시 '성과 수' 의 개념을 동반하게 된다는 사실에 유의하여야 한다.

예문

Io sono pianista/cuoco/avvocato/professore/giornalista/impiegato/insegnante

나는 피아니스트/요리사/변호사/교수/기자/회사원/교사이다.

Siamo pianisti/cuochi/avvocati/professori/giornalisti/impiegati/insegnanti

우리는 피아니스트/요리사/변호사/교수/기자/회사원/교사이다.

Tu sei pianista/cuoca/avvocatessa/professoressa/giornalista/impiegata
너(여)는 피아니스트/요리사/변호사/교수/기자/회사원이다.

Siete pianiste/cuoche/avvocatesse/professoresse/giornaliste/impiegate
너희들(여)은 피아니스트/요리사/변호사/교수/기자/회사원이다.

Lui è coreano/italiano/francese/tedesco/giapponese/svizzero/americano/cinese
그는 한국인/이탈리아인/프랑스인/독일인/일본인/스위스인/미국인/중국인이다.

Sono coreani/italiani/francesi/tedeschi/giapponesi/svizzeri/americani/cinesi
그들은 한국인/이탈리아인/프랑스인/독일인/일본인/스위스인/미국인/중국인이다.

Lei è coreana/italiana/francese/tedesca/giapponese/svizzera/americana/cinese
그녀는 한국인/이탈리아인/프랑스인/독일인/일본인/스위스인/미국인/중국인이다.

Sono coreane/italiane/francesi/tedesche/giapponesi/svizzere/americane/cinesi
그들(여)은 한국인/이탈리아인/프랑스인/독일인/일본인/스위스인/미국인/중국인이다.

3 이탈리아어의 긍정문을 부정문으로 표현하고자 할 때에는 동사 앞에 'non' 을 놓으면 된다.

예문 Io non sono americano. 나는 미국인이 아니다.
Non siamo americani. 우리는 미국인이 아니다.
Tu non sei francese. 너는 프랑스인이 아니다.

문 형

A Siete studenti?
Sì, siamo studenti.

B Sei coreana?
Sì, sono coreana.

C Lei è italiana?
No, non sono italiana. Sono coreana.

D Io sono Kim, sono coreano.
Lui è Roberto, è italiano.

E Di che nazionalità è Lei?
Sono coreano.

대 화

A Buon giorno!
Io sono Kim, sono coreano.
Sono insegnante.

B Buon giorno!
Sono George Smith e sono cuoco.

A E Lei chi è, signora?

B Sono Marisa Alberti e sono pianista.

A È italiana?

B Sì, sono italiana.

A È italiana anche la signorina Mendez?

B No, non è italiana. Lei è spagnola.

연습문제 | 다음 물음에 이탈리아어로 답하시오.

ⓐ È italiano Lei?

ⓑ Sei francese? Di che nazionalità sei?

ⓒ Il professore è coreano?

ⓓ Siete giapponesi?

ⓔ Chi è Lei?

La Corea è bella.

한국은 아름답습니다. 03

학습포인트

a. 명사와 형용사의 일치
b. '(주어) + essere동사 + 형용사' 구문
c. 국가명, 색 이름, 반의의 기초형용사 습득

어휘

[명사]

bandiera (국기) capitale (수도) città (도시)
fiume (강) paese (나라) ragazza (소녀)
ragazzo (소년, 젊은이) rosa (장미) tomba (묘)
torre (탑)

국가명 - nazioni

America (미국) Cina (중국) Corea (한국)
Francia (프랑스) Germania (독일) Giappone (일본)
Inghilterra (영국) Italia (이탈리아) Portogallo (포르투갈)
Russia (러시아) Spagna (스페인)

[형용사] **색 - colori**

bianco (하얀) blu (파란) giallo (노란)
grigio (회색의) marrone (밤색의) nero (검은)
rosso (빨간) verde (초록인)

형용사 - aggettivi

alto (키가 큰) asiatico (아시아의) basso (키가 작은)
bello (잘생긴) brutto (못생긴) corto (짧은)
europeo (유럽의) giovane (젊은) grande (큰)
grasso (살찐) interessante (흥미로운)
lungo (긴) magro (마른) nuovo (새로운)

	piccolo (작은)	pieno (가득찬)	povero (가난한)
	ricco (부유한)	sottile (얇은)	spesso (두꺼운)
	vecchio (늙은)	vecchio (오래된)	vuoto (빈)
[의문사]	come (어떻게)	quale (어떤 것)	
[부사]	molto (무척, 매우)		
[전치사]	di (~의)		
[접속사]	e (그리고)	ma (그러나)	o (혹은)

핵심문법

1 형용사는 명사를 직접 수식하거나 essere동사와 결합하여 서술부를 형성하게 되는데 이탈리아어의 형용사는 관련되는 명사의 성과 수에 따라 어미굴절을 하게 된다. 앞서 설명한 바와 같이 이탈리아어의 명사는 네 가지 형태, 즉 남성단수, 남성복수, 여성단수, 여성복수의 형태를 가지고 있고 이를 수식하는 형용사는 다음과 같은 메커니즘으로 꼬리변형을 한다.

a. 기본형이 -o인 형용사

명 사	기본형이 -o인 형용사 (es. piccolo)
남성단수 (es. ragazzo)	-o (es. ragazzo piccolo)
남성복수 (es. ragazzi)	-i (es. ragazzi piccoli)
여성단수 (es. ragazza)	-a (es. ragazza piccola)
여성복수 (es. ragazze)	-e (es. ragazze piccole)

b. 기본형이 -e인 형용사

명 사	기본형이 -e인 형용사 (es. grande)
남성단수 (es. ragazzo)	-e (es. ragazzo grande)
남성복수 (es. ragazzi)	-i (es. ragazzi grandi)
여성단수 (es. ragazza)	-e (es. ragazza grande)
여성복수 (es. ragazze)	-i (es. ragazze grandi)

이탈리아어의 형용사는 이렇게 수식하는 명사의 성격에 따라 형태 종속적이기 때문에 보통 후치수식의 모습을 보이는 것이 일반적이다. 기본형이라 하는 것은 사전상의 대표 수록형태를 이르는 것으로 예를 들어 'piccoli' 의 의미를 알고자 한다면 사전상에서 'piccolo' 를 찾아야 한다는 것을 의미한다.

2 우리는 앞 과에서 '(주어) + essere동사 + 명사' 의 구문을 살펴보았다. essere동사는 형용사와 결합하여 술부를 만들어 낼 수 있는데 이 때 출현하는 형용사는 주어와 유기적인 관계 속에서 자신의 어미를 변화시키고 있음에 유의하여야 한다.

예문 La Corea è bella.
È bella la Corea. 한국은 아름답다.

Il libro è verde.
I libri sono verdi. 책은 녹색이다.

L'italia è grande. 이탈리아는 크다.

L'italia è piccola. 이탈리아는 작다.

문 형

A È bianca la rosa?
Sì, è bianca.

B Com'è l'Italia?
È bella.

C Sono rosse queste penne?
No, sono nere.

D Qual è la capitale d'Italia?
È Roma.

E Seoul è una città grande?
Sì, è molto grande.

F È un paese europeo la Corea?
No, la Corea è un paese asiatico.

대 화

A Di che colore è la bandiera coreana?

B La bandiera coreana è bianca, nera, blu e rossa.

A Qual è la capitale della Corea?

B È Seoul.

A Seoul è una città grande o piccola?

B È una città molto grande.

A Com'è Kyungju?

B È una città piccola, ma è bella.

A Sono grandi o piccole le tombe di Kyungju?

B Sono molto grandi e alte.

A Interessante!

연습문제 | 다음 물음에 이탈리아어로 답하시오.

ⓐ È alta la Torre di Pisa?

ⓑ Qual è la capitale della Corea?

ⓒ È vecchia "Namdemun"?

ⓓ È corto il fiume Han?

ⓔ Com'è l'italiano?

---

04 È un libro / È il libro.
책입니다.

학습포인트
a. 부정관사와 정관사의 습득
b. 명사구 만들기

어휘

[명사]
amica (여자친구) / amico (남자친구)
attrice (여배우) / capelli (머리카락)
chimica (화학) / dizionario (사전)
donna (여성) / grammatica (문법)
lezione (수업) / persona (사람)
psicologo (심리학자) / sicurezza (안전)
studente (학생) / torre (탑)
vita (생명) / zaino (배낭)
zio (삼촌)

[형용사]
bellissimo (멋진, 잘생긴) / divertente (재미있는)
europeo (유럽의) / facile (쉬운)
famoso (유명한) / interessante (흥미로운)
pendente (기울어진, 매달린) / simpatico (맘에 드는)
strano (이상한)

[부사]
più (더욱)

[대명사]
quello (그것)

[전치사]
a (~에) / secondo (~에 따르면)

핵심문법

우리는 앞의 과들에서 명사 앞에 등장하는 알 수 없는 형태들을 보았다. 이를테면 un, uno, una, un', il, i, lo, gli, la, le, l' 등이 그것인데 이들은 명사 앞에 등장하는 부정관사와 정관사들이다. 학습의 단계상 지금까지 설명하지 않았던 부정관사와 정관사를 학습한 후 여러분은 앞의 과들로 돌아가 각기 관사가 어떻게 사용되고 있는지를 확인해 보길 바란다.

1 부정관사는 영어의 'a (an)' 과 같은 요소로서 불확정적인 단수명사 앞에 출현하는 한 요소이다. 부정관사의 학습을 통해 지금까지 불완전했던 문장을 올바르게 사용해 보자.

부정관사는 불확정적 명사 앞에서 다음과 같은 형태로 출현한다.

un	모든 불확정적인 남성단수명사 앞 (단, s+자음, x, z, gn, pn, ps 등으로 시작하는 명사 제외)
uno	s+자음, x, z, gn, pn, ps 등으로 시작하는 명사 앞
una	모든 자음으로 시작하는 여성명사 앞
un'	모든 모음으로 시작하는 여성명사 앞

예 un libro, un amico
uno studente, uno zaino, uno psicologo
una finestra, una porta
un'amica, un'attrice

2 정관사는 영어의 'the' 에 해당되는 요소로서 확정적인 단수, 복수 명사 앞에 출현하며 다음과 같은 형태로 명사 앞에 출현한다.

단수정관사	복수정관사	환 경	예
il	i	자음으로 시작하는 남성명사 앞 (단, 's + 자음', z, gn, pn, ps 등으로 시작하는 남성명사 앞은 제외)	il libro → i libri
lo	gli	's + 자음', z, gn, pn, ps 등으로 시작하는 남성명사 앞	lo studente → gli studenti lo zio → gli zii
l'	gli	모음으로 시작하는 남성명사 앞	l'amico → gli amici
la	le	모든 자음으로 시작하는 여성명사 앞	la donna → le donne
l'	le	모든 모음으로 시작하는 여성명사 앞	l'amica → le amiche

3 그 용법이 다양하여 정관사와 부정관사의 사용과 생략을 한 마디로 정의하기란 어려운 일이지만 대체로 정관사는 확정적, 총칭적 보통명사와 대륙, 국가, 지방, 강, 섬, 이름 등의 고유명사에 쓰인다. 반면 부정관사는 불확정적인 어떤 것을 이르는 명사에 사용된다고 할 수 있다. 한편 이러한 관사들은 주격보어인 명사, 호격, 관용구, 문체적 선택 등 다양한 경우에 생략되기도 한다.

예 Sono studente. 나는 학생이다.
La sicurezza è vita. 안전은 생명이다.

4 이탈리아어의 명사는 좌, 우에 필요로 하는 요소들을 끌어들여 하나의 '덩어리' (명사구)를 이루는데 핵인 명사의 전후에 붙는 관사나 형용사는 보다시피 정확한 규칙 내에서 그룹핑 되기 때문에 다소 복잡해 보인다 하더라도 이러한 규칙들이 정확히 습득될 때만 이탈리아어로 말하기가 가능하다는 사실을 기억하기 바란다.

예
un libro piccolo (il libro piccolo) 작은 책
uno zaino grande (lo zaino grande) 큰 배낭
una porta vecchia (la porta vecchia) 오래된 문
un'attrice famosa (l'attrice famosa) 유명한 여배우

문 형

A

Che cos'è?

È un libro.

È una penna.

B

Chi è?

È il professore d'italiano.

C

Com'è Maria?

È una bellissima ragazza.

D

Chi è il professore di chimica?

È quello con i capelli neri.

E

È grigio il libro?

No, il libro è giallo.

대 화

A Qual è la capitale d'Italia?
B La capitale d'Italia è Roma.
A Di che colore è la bandiera italiana?
B La bandiera italiana è verde, bianca e rossa.
A Qual è la città più bella in Italia?
B Secondo me, Firenze.
A È una città grande o piccola Firenze?
B È una città piccola.
A È bella Firenze?
B Sì, Firenze è una bellissima città
A La Torre pendente è a Firenze?
B No, La Torre pendente è a Pisa.
A È alta la Torre di Pisa?
B No, non è molto alta, ma è molto strana.

연습문제 | 다음 물음에 이탈리아어로 답하시오.

ⓐ La grammatica italiana è interessante?

ⓑ La lezione d'italiano non è facile?

ⓒ Il dizionario italiano è spesso?

ⓓ L'Italia è un paese europeo?

ⓔ Seoul è una citta piccola?

---

05 Buon giorno. Buona sera.

안녕하세요.

학습포인트

a. 불규칙 형용사의 사용
b. 이탈리아어의 인사말

어휘

[형용사]

bellissimo (가장 멋진)
bello (멋진, 아름다운)
buono (좋은)
diverso (다른)
grande (큰)
indipendente (독립적인)
quello (그, 저)
rotto (고장난, 망가진)
santo (성스러운)

[명사]

amica (여자친구)
appetito (식욕)
asilo (어린이집)
bimba (아기)
chiesa (교회)
cielo (하늘)
domenica (일요일)
festa (축제)
fiore (꽃)
giornata (하루)
giorno (날, 요일)
lavoro (일, 작업)
macchina (자동차)
notte (밤)
oggi (오늘)
paradiso (천국)
piazza (광장)
pomeriggio (오후)
psicologo (심리학자)
quadro (그림)
ragazza (소녀)
ragazzo (소년)
riposo (휴식)
sera (저녁)
stomaco (위)
studente (학생)
studio (공부)
studioso (학자)

	uomo (남자)	vacanza (바캉스)
	Vaticano (바티칸 시국)	viaggio (여행)
[부사]	anche (또한)	davvero (정말로)
[의문사]	dove (어디, 어디에)	
[전치사]	in (~에)	dentro (안에)

핵심문법

우리는 3과에서 두 가지 종류(기본형이 -o인 형용사, 기본형이 -e인 형용사)의 규칙 형용사가 있다고 하였다. 규칙의 패러다임을 따르지 않는 몇몇 형용사들이 있다. 참고적으로 이탈리아어에서 불규칙변형을 하는 어휘들은 일상생활에서 많이 사용되는 기초어휘들인 경우가 대부분임을 알아두기 바란다. 다음의 형용사들이 전치수식(명사 앞에 위치)을 할 경우 아래와 같은 변형을 한다.

1 불규칙 형용사

buono ('좋은') : 부정관사처럼 변형

un	buon	es.) un giorno → buon giorno
uno	buono	es.) uno stomaco → buono stomaco
una	buona	es.) una ragazza → buona ragazza
un'	buon'	es.) un'amica → buon'amica

quello ('그, 저'), bello ('멋진, 아름다운') : 정관사처럼 변형

il	quel	es.) il ragazzo → quel ragazzo
i	quei	es.) i ragazzi → quei ragazzi
lo	quello	es.) lo studente → quello studente
gli	quegli	es.) gli studenti → quegli studenti
la	quella	es.) la ragazza → quella ragazza
le	quelle	es.) le ragazze → quelle ragazze
l'	quell'	es.) l'amico → quell'amico

grande ('큰') : 언제나 그런 것은 아니지만 때로 다음의 형태를 보일 때가 있다.

gran + 자음	es.) un gran giorno, una gran festa
grand' + 모음	es.) un grand'uomo, una grand'amica
grande + (s+자음 z- ps- 등) 혹은 gran	es.) un gran(grande) studioso, un grande(gran) psicologo

santo ('성, 성스러운') :

san + 자음으로 시작하는 남성명사	es.) San Pietro, San Lorenzo
sant' + 모음	es.) Sant'Antonio, Sant'Anna
santo + (s+ 자음)	es.) Santo Spirito, Santo Stefano
santa + 자음으로 시작하는 여성명사	es.) Santa Maria, Santa Croce
관용적 예외	es.) Santo Padre Santo Paradiso! Santo cielo! Tutto il santo giorno

2 이탈리아어의 기본적인 인사는 'buono + 명사' 의 형태인 경우가 대부분이다. 형용사인 buono가 명사 앞에서 전치수식을 하는 경우이므로 buono의 불규칙변형이 적용된다.

Buon giorno! 아침인사, 일반적인 인사
Buon pomeriggio! 오후 인사
Buona sera! 오후, 저녁 인사
Buona notte! 잘 자!
Buona domenica! 일요일에 쓸 수 있는 인사
Buon lavoro! 즐겁게 일하길!
Buon viaggio! 좋은 여행되세요!
Buone vacanze! 좋은 바캉스!
Buon riposo! 잘 쉬세요!
Buono studio! 즐겁게 공부를!
Buon appetito! 맛있게 드세요!

다음의 표현들 또한 유용하게 사용된다.

Ciao! 친근한 인사말
Salve! 'Hi' 에 해당하는 인사말
Arrivederci! 헤어질 때만 하는 인사말
A domani! '내일 보자'
Scusi! '실례합니다' , '미안합니다'
Prego! '괜찮아요'
Grazie! '감사합니다'

문 형

A

Chi è quel ragazzo?

È Marco.

B

È bello, lui?

Sì, Mario è un bel ragazzo

C

Che bella bimba!

È anche buona.

D

La macchina è rotta!

Santo cielo!

대 화

A Buongiorno!

B Buongiorno!

A È una bella giornata oggi.

B Sì, è una bellissima giornata davvero.

A Sa dov'è Piazza San Pietro?

B Sì, è in Vaticano.

A Il Vaticano è un paese diverso dall'Italia?

B Sì, il Vaticano è un paese indipendente, ma è dentro la città di Roma.

A Una grande piazza in Vaticano è Piazza San Pietro.

B Grazie!

A Prego!

연습문제 | 다음 물음에 이탈리아어로 답하시오.

ⓐ Il quadro di Picasso è bellissimo, vero?

ⓑ La chiesa di Santo Stefano è a Venezia?

ⓒ Dove sono i fiori?

ⓓ Siete buoni amici?

ⓔ Piazza San Pietro è in Vaticano?

---

06 Il gatto è sul tavolo.

고양이가 테이블 위에 있다.

학습포인트

a. 전치사, 전치사관사, 부분관사
b. 위치표현의 습득

어휘

[전치사]

a (~에) | con (~와 함께) | da (~로부터)
di (~의) | in (~안에) | per (~ 때문에, ~위해서)
senza (~없이) | su (~위에) | tra(fra) (~사이에)

[명사]

bagno (화장실) | banca (은행) | burro (버터)
cane (개) | capitale (수도) | carne (육류, 고기)
cassetto (서랍) | cielo (하늘) | finestra (창문)
gatto (고양이) | giornale (신문) | grammatica (문법)
lavoro (일, 직업) | letto (침대) | luna (달)
Mediterraneo (지중해) | nuvola (구름)
occhiali (안경) | occhio (눈) | penna (펜)
porta (문) | quaderno (공책) | scuola (학교)
sedia (의자) | segretario (비서) | soldo (돈)
sole (태양) | stella (별) | tavolo (테이블)
telefono (전화) | terra (땅) | vino (포도주)

[형용사]

blu (파란색의) | bravo (훌륭한) | facile (쉬운)
lontano (먼) | prodotto (생산된) | seduto (앉아 있는)
vicino (가까운)

[부사]

adesso (지금) | invece (그럼, 대신에, 하지만)
qui (여기, 여기에)

핵심문법

1 전치사

이탈리아어의 전치사에는 다음과 같은 형태들이 있고 한 가지 형태의 전치사가 여러 가지 의미로 사용되므로 그 용법을 한 마디로 설명하긴 불가능하지만 대개 다음과 같이 사용된다.

a (to)	es.) Sono a casa
da (from)	es.) Il vino è prodotto dall'Italia.
di (of)	es.) La grammatica dell'italiano è facile
su (above)	es.) Il libro è sul tavolo
in (in)	es.) Il segretario è in banca
tra / fra (between)	es.) Firenze è tra Milano e Roma
senza (without)	es.) Sono senza soldi
con (with)	es.) Mario è a casa con sua madre
per (for)	es.) Sono qui per lavoro

2 명사 앞에서 전치사와 정관사가 만나게 되면 다음과 같은 새로운 형태가 만들어지는데 이를 전치사관사라 부른다.

	il	i	lo	gli	la	le	l'
di	del	dei	dello	degli	della	delle	dell'
a	al	ai	allo	agli	alla	alle	all'
da	dal	dai	dallo	dagli	dalla	dalle	dall'
in	nel	nei	nello	negli	nella	nelle	nell'
su	sul	sui	sullo	sugli	sulla	sulle	sull'
con	con il	con i	con lo	con gli	con la	con le	con l'
per	per il	per i	per lo	per gli	per la	per le	per l'
fra/tra	fra il	fra i	fra lo	fra gli	fra la	fra le	fra l'

3 위의 도표 중에서 di와 결합하는 **del, dei, dello, degli, della, delle, dell'**의 형태는 전치사관사 용법 외에 부분관사로도 사용된다. 부분관사는 해당명사의 수를 정확히 지칭하지 않고 '몇몇의', '몇 개의' 하는 식으로 복수의 개념을 표현하는데 사용된다.

예 Del burro 약간의 버터
Dei quaderni 몇 권의 노트
Della carne 약간의 고기
Delle penne 몇 개의 펜

4 위치를 표시하는 몇몇 단어들도 살펴보자.

davanti a ~앞에
dietro (di) ~뒤에
vicino a ~근처에
a destra 오른쪽에
a sinistra 왼쪽에
su, sopra 위에
sotto 아래에
dentro 안에
fuori 밖에
est 동
ovest 서
sud 남
nord 북

예문 Il gatto è sul tavolo. 고양이가 테이블위에 있다.
Il cane è sotto la sedia. 개는 의자 밑에 있다.
Roma è a ovest. 로마는 서쪽에 있다.
Il libro è davanti alla finestra. 책은 창문 앞에 있다.
Il giornale è vicino alla porta. 신문은 문 근처에 있다.

문 형

A È bella quella ragazza con gli occhi blu?
È bellissima!

B Gli studenti del professor Kim sono bravi?
Sì, sono bravi.

C Qual è la capitale d'Italia?
La capitale d'Italia è Roma.

D Dove sono gli occhiali?
Sono sul letto.

E È lontana la scuola?
No, è vicina da qui.

대 화

A Dov'è il sole?

B Il sole è dietro la nuvola.

A Dove sono le stelle?

B Le stelle sono nel cielo di notte.

A Dov'è la luna?

B La luna è tra la terra e il sole.

A Dov'è la penna?

B È nel cassetto

A Dov'è seduta Giorgia?

B Giorgia è seduta dietro a Laura.

A Invece, Silvio?

B Silvio è seduto davanti a Massimo.

연습문제 | 다음 물음에 이탈리아어로 답하시오.

ⓐ Dov'è la porta?

ⓑ È sulla sedia, il telefono?

ⓒ Le penne sono nel cassetto?

ⓓ L'Italia è nel Mediterraneo?

ⓔ La finestra è vicina alla porta?

Che cosa hai in mano?
손에 뭘 가지고 있지?

07

학습포인트

a. Avere동사의 활용
b. 인간의 몸

어휘

[Avere동사] ho, hai, ha, abbiamo, avete, hanno (~을 가지고 있다)

[명사]

bambino (남자아기)
caldo (더위)
coda (꼬리)
condizionatore d'aria (에어컨)
due (둘, 두 개)
fame (배고픔)
figli (자녀)
freddo (추위)
mal di denti (이 아픔)
mal di stomaco (배 아픔)
mal di testa (머리 아픔)
medicina (약)
paura (두려움)
problema (문제)
scimmia (원숭이)
sete (목마름, 갈증)
sonno (졸림)
vita (삶, 생활)

[형용사]

contento (만족스런)
forte(강한)
tanto (많은)
psicologico (심리적인)

[부사]

troppo (너무도)

핵심문법

1 이탈리아어의 Have 동사 'Avere'의 변형

Be동사의 활용에서 보았던 것처럼 avere동사 또한 인칭에 따라 다음과 같이 변화하며 다양한 표현을 만들어 낸다.

인 칭	Avere
io	**ho**
tu	**hai**
lui / lei / Lei	**ha**
noi	**abbiamo**
voi	**avete**
loro / Loro	**hanno**

예문 Abbiamo due occhi, due piedi e due spalle

우리는 두 개의 눈, 두 개의 다리 그리고 두 개의 어깨를 지니고 있다.

A casa ho una bella macchina.

집에 멋진 차 한 대 갖고 있다.

Lui ha tanti problemi psicologici.

그는 많은 심리적 문제를 갖고 있다.

2 Avere동사와 관련이 깊은 인간 신체부위의 명칭도 알아두자.

testa 머리
naso 코
dente 이빨
collo 목
capelli 머리카락
bocca 입
lingua 혀
spalla 어깨
occhio 눈
orecchio 귀
mento 턱
torace 가슴

cuore 심장	braccio 팔	gomito 팔꿈치
polso 손목	mano 손	dito 손가락
gamba 다리	ginocchio 무릎	tallone 발뒤꿈치
piede 발		

3 '~가 아프다', '졸리다', '목마르다', '덥다' 와 같은 표현에는 다음과 같이 avere 동사가 쓰인다.

◎ 예문 Ho sonno 졸리다
sete 목마르다
fame 배고프다
paura 두렵다
caldo 덥다
freddo 춥다
mal di testa 머리 아프다
mal di denti 이 아프다
mal di stomaco 배 아프다

문 형

A Che cosa hai in mano?

Ho un libro.

B Che cosa hai?

Ho mal di testa.

C Hai freddo?

Sì, ho freddo. Il condizionatore d'aria è troppo forte.

D Hai paura?

No, non ho paura.

E Ho un gran mal di testa.

Non hai la medicina?

대 화

A Ha una macchina, Sig. Rossi?

B Sì, ho una macchina.

A Che tipo di macchina ha?

B Ho una piccola Hyundai.

A Ha figli?

B Sì, ho due bambini.

A Sono in Italia o in Corea?

B Sono qui in Corea.

A Non avete problemi nella vita coreana?

B No, siamo contenti della vita coreana.

연습문제 | 다음 물음에 이탈리아어로 답하시오.

ⓐ Quanti occhi abbiamo?

ⓑ Abbiamo la coda?

ⓒ Quanti orecchi ha una persona?

ⓓ Abbiamo due occhi?

ⓔ La scimmia ha la coda?

08 Ci sono i libri nello zaino?

그 책들 배낭가방 속에 있나?

학습포인트

a. C'è~, ci sono~ (there is~, there are~)의 표현

b. 요일, 주, 월과 관련된 어휘의 학습

어휘

[명사]

anno (년, 해) borsa (가방)

classe (학급) differenza (차이)

favore (호의) fiore (꽃)

giorno (날, 요일) lezione (수업)

lingua parlata (구어) lingua scritta (문어)

mare (바다) momento (순간)

natura (자연) neve (눈)

persona (사람) pioggia (비)

sette (일곱, 칠) tre (셋)

zaino (배낭, 가방) umidità (습기)

[의문사]

quando (언제) quanto (얼마만큼)

[형용사]

lungo (긴) prossimo (가까운, 다가오는)

scorso (지나간)

[부사]

dopo (후에, 나중에) solo (단지)

핵심문법

1 영어의 there is~, there are~에 해당하는 이탈리아어 표현은 ci è~(=c' è~), ci sono~ 로서 똑같다. 즉 "~이 있다"의 표현이다.

예문 C'è un libro. 책 한권이 있다.
Ci sono dei libri. 책들이 있다.

2 주 (settimana)

월요일 lunedì	화요일 martedì	수요일 mercoledì
목요일 giovedì	금요일 venerdì	토요일 sabato
일요일 domenica		

3 월 (mese)

1월 gennaio	2월 febbraio	3월 marzo
4월 aprile	5월 maggio	6월 giugno
7월 luglio	8월 agosto	9월 settembre
10월 ottobre	11월 novembre	12월 dicembre

4 계절 (stagione)

봄 primavera	여름 estate	가을 autunno
겨울 inverno		

5 기타

오늘 oggi

어제 ieri

그제 l'altro ieri (= ieri l'altro)

3일전 tre giorni fa

일주일 전 una settimana fa

일년 전 un anno fa

내일 domani

모레 dopodomani

3일후 tre giorni dopo

일주일 후 una settimana dopo

일년 후 un anno dopo

다음 월요일 lunedì prossimo

지난 일요일 domenica scorsa

문 형

A

C'è un libro nella borsa?

Sì, c'è.

B

Buon giorno, sono Cho, c'è Siu?

Sì, c'è. Un momento, per favore.

Grazie!

C

Ci sono delle ragazze nella classe?

No, non ci sono ragazze. Ci sono solo ragazzi.

D

Quanti giorni ci sono in una settimana?

Ci sono sette giorni.

E

In quale stagione ci sono molti fiori nella natura?

In primavera.

대 화

A Che giorno è oggi?

B Oggi è martedì.

A Quanti ne abbiamo oggi?

B Ne abbiamo 10.

A In che mese siamo?

B Siamo in settembre.

A In che anno siamo?

B Siamo nell'anno 2009.

A Quando ha lezione d'italiano?

B Ho lezione il martedì e il venerdì.

A Quanti giorni ci sono in febbraio?

B Ci sono 28 giorni.

A In che mese è nato Lei?

B Io sono nato in luglio.

A In che mese ci sono tante persone al mare?

B In agosto.

A In quale stagione c'è molta umidità in Corea?

B In estate.

연습문제 | 다음 물음에 이탈리아어로 답하시오.

ⓐ C' è la neve in Corea?

ⓑ In quale mese siamo?

ⓒ C'è molta pioggia in Corea?

ⓓ Ci sono le lezioni a scuola, oggi?

ⓔ C'è differenza tra la lingua parlata e la lingua scritta in italiano?

---

09 Quanto fa 1+2?

1+2는 얼마?

학습포인트

a. 수(기수, 서수)의 습득
b. 셈, 날짜표현

어휘

[명사]

compleanno (생일)　data (날짜)
giorno (요일)　lezione (수업)
settimana (주)

[형용사]

morto (죽은)　nato (태어난)
successo (일어난, 발생된)　ultimo (마지막의)

[의문사]

quale (어떤것)　quando (언제)
quanto (얼만큼)

핵심문법

1 기수

1부터 20까지는 기본적으로 암기하여야 한다.

1 uno	2 due	3 tre
4 quattro	5 cinque	6 sei
7 sette	8 otto	9 nove
10 dieci	11 undici	12 dodici
13 tredici	14 quattordici	15 quindici
16 sedici	17 diciassette	18 diciotto
19 diciannove	20 venti	

21부터 99까지는 '20+1', '20+2' 등의 결합형태를 이루지만 21, 28 등 1이나 8과 결합되는 숫자에 유의하여야 한다. 이탈리아어는 기본적으로 두 개의 모음이 충돌할 경우 앞의 모음을 삭제하는 것이 일반적이다.

21 ventuno	22 ventidue	23 ventitre
24 ventiquattro	25 venticinque	26 ventisei
27 ventisette	28 ventotto	29 ventinove
30 trenta	31 trentuno	38 trentotto
40 quaranta	50 cinquanta	60 sessanta
70 settanta	80 ottanta	90 novanta

100부터 900까지는 다음과 같이 읽는다. cento와 결합하는 수의 경우 due centi와 같은 형태로 변하지 않는다는 점에 유의하여야 한다.

100 cento	200 duecento	300 trecento
... 900 novecento		

1000부터는 다음과 같이 읽는다. **mille**의 복수가 **mila**임에 유의하여야 한다.

1,000 mille	2,000 due mila	3,000 tre mila
10,000 dieci mila	100,000 cento mila	
백만 un milione	이백만 due milioni	
십억 un miliardo	이십억 due miliardi	

숫자는 뒤에서부터 세자리마다 콤마를 찍으며 다음과 같은 방식으로 읽으면 된다.

◘ 예 234,567,891,234
(duecento trentaquattro miliardi cinquecento sessantasette milioni ottocento novantuno mila duecento trentaquattro)

2006 (duemilasei)

2 서수

기본적으로 1~12까지의 서수는 암기하여야 한다.

첫 번째 primo	두 번째 secondo	세 번째 terzo
네 번째 quarto	다섯 번째 quinto	여섯 번째 sesto
일곱 번째 settimo	여덟 번째 ottavo	아홉 번째 nono
열 번째 decimo	열한 번째 undicesimo	열두 번째 dodicesimo

이후 서수는 기수의 마지막 모음을 탈락시킨 자리에 **-esimo**를 붙이면 된다.
(단, ~treesimo는 예외)

◘ 예 열세 번째 : tredici + esimo = tredicesimo
열아홉 번째 : diciannove + esimo = diciannovesimo
스물세 번째 : ventitréesimo

3 셈

다음과 같은 분수의 경우 먼저 읽을 분자는 기수로, 그 다음에 읽을 분모는 서수로 적되 분자가 2 이상인 복수일 때는 분모의 어미가 복수로 전환된다.

예 3/4 tre quarti 4/5 quattro quinti
1/4 un quarto 1/2 un mezzo

더하기(+) : più 빼기(−) : meno
곱하기(×) : per 나누기(÷) : diviso
이퀄(=) : è uguale a(fa, fanno)

예 4+7=11 (quattro più sette è uguale a undici)
10−7=3 (dieci meno sette fa tre)
20÷4 = 5 (venti diviso quattro fanno cinque)
2×4 = 8 (due per quattro fa otto)

4 날짜

1일만 서수로 읽고 나머지 날은 기수로 읽는다.

2006년 9월 1일 - Primo settembre duemila sei
2006년 9월 2일 - Due settembre duemila sei
2006년 9월 3일 일요일 - domenica, tre settembre duemilasei

문 형

A Quanto fa uno più due?
Uno più due fa tre

B Quanto fa venti diviso quattro?
Venti diviso quattro fa cinque.

C Quando è successo l'11 settembre?
Nel 2001(duemilauno)

D Qual è il primo giorno della settimana?
È lunedì

대 화

A Lunedì è il primo o il secondo giorno della settimana?

B Il primo.

A Venerdì è il sesto?

B No, è il quinto.

A Qual è l'ultimo giorno?

B L'ultimo giorno della settimana è domenica.

A In quale giorno avete la lezione su Dante?

B Il martedì e il giovedì

A Quando è nato Dante?

B Nel 1265.

A Quando è morto?

B Nel 1321.

A Che giorno è oggi?

B Oggi è il primo settembre.

연습문제 | 다음 물음에 이탈리아어로 답하시오.

ⓐ Quando è il tuo compleanno?

ⓑ Che data è oggi?

ⓒ Che giorno è oggi?

ⓓ In quali giorni abbiamo la lezione d'italiano?

ⓔ Qual è il terzo giorno della settimana?

---

10 Che ora è? / Che ore sono?

몇 시 인가요?

학습포인트

a. 시간표현 1
b. 시간표현 2

어휘

[명사]

chimica (화학)
festa (파티)
giardino (정원)
inglese (영어)
lezione (수업)
minuto (분)
ora (시)
orologio (시계)
pausa (쉬는시간)
semestre (학기)
tempo (시간)

[형용사]

altro (또다른)
difficile (어려운)
preciso (정확한)
vero (진실의)

[부사]

adesso (지금)
avanti (앞으로)
fino a (~까지)
indietro (뒤로)
tra poco (잠시 후에)

핵심문법

1 시간을 말할 때 시와 분이란 말은 표현되지 않지만 그 의미를 일반인들은 이미 알고 있다. 시와 분은 기수를 사용하여 다음과 같이 처리할 수 있다.

Che ora è? 몇 시 입니까?
È l'una (ora). 한시입니다.
È l'una (ora) e dieci (minuti). 한시 10분입니다.

Che ore sono? 몇 시 입니까?
Sono le due (ore) e quindici (minuti). 2시 15분입니다.
Sono le undici e cinque. 11시 5분입니다.
Sono le undici del pomeriggio. 오후 11시입니다.
Sono le nove del mattino. 오전 9시입니다.
È mezzogiorno (=Sono le dodici). 정오입니다.
È mezzanotte (=Sono le ventiquattro). 자정입니다.

하지만 15분은 시계 원의 1/4, 30분은 '반', 45분은 3/4이므로 다음과 같이 표현하기도 한다.

Sono le due e un quarto (=Sono le due e quindici) 2시 15분입니다.
Sono le tre e mezzo (=Sono le tre e trenta) 3시 30분입니다.
Sono le quattro e tre quarti (=Sono le quattro e quarantacinque)
4시 45분입니다.

시간과 관련하여 다음의 표현들도 쓸 수 있다.

Sono le quattro precise. 4시 정각입니다.
Sono circa le cinque (=Sono quasi le cinque). 대략 5시입니다.

Sono le quattro meno cinque. 4시 5분전입니다.
Sono le due meno un quarto(=meno quindici). 2시 15분 전입니다.

L'orologio è avanti. 시계가 빠르다.
L'orologio è indietro. 시계가 늦다.

문 형

A Scusi, che ora è?
È l'una e dieci.

B A che ora abbiamo la lezione?
Alle due.

C Da che ora a che ora abbiamo lezione?
Dalle undici e mezza all'una e venti.

D Fino a che ora è in casa?
Sono in casa fino alle dieci.

대 화

A Che ore sono?

B Sono le undici e venti.

A A che ora c'è la lezione d'italiano?

B Tra poco. Alle undici e mezza.

A L'italiano non è difficile?

B No, non è difficile.

A Abbiamo altre lezioni, oggi?

B Sì, abbiamo due ore di lezione di inglese.
Dalle tre e mezza alle cinque e mezza.

A Alle sei, abbiamo una piccola festa nel giardino, vero?

B Sì, c'è una festa per il primo giorno del semestre.

연습문제 | 다음 물음에 이탈리아어로 답하시오.

ⓐ Che ora è adesso?

ⓑ Ha un orologio?

ⓒ Sono le sei?

ⓓ A che ora c'è la lezione di chimica?

ⓔ Per quanto tempo abbiamo la pausa?

Di chi è questo?
누구의 것인가요? 11

학습포인트
a. 소유형용사/소유대명사의 학습
b. 소유형용사 앞 정관사의 생략

어휘

[명사]

anno (해, 년)
appartamento (아파트)
bambina (여자아이)
bambino (남자아이)
borsa (가방)
cellulare (핸드폰)
centro (도심)
chiave (열쇠)
cognome (성)
cuoco (요리사)
dizionario (사전)
famiglia (가족)
figli (자녀)
figlia (딸)
figlio (아들)
fratello (형제)
indirizzo (주소)
ispettore (경감)
lavoro (일)
macchina (자동차)
madre (어머니)
marito (남편)
moglie (부인)
nome (이름)
numero (번호)
padre (아버지)
pallone (공)
pantaloni (바지)
portafoglio (지갑)
soldi (돈)
sorella (자매)
studio (연구실)
telefono (전화)

[형용사]

bravo (훌륭한, 잘하는)
caro (사랑스런, 귀여운)
simpatico (정감 가는, 맘에 드는)
rosso (빨간)

핵심문법

1 소유형용사는 명사의 성과 수에 일치되어야 하며 보통 정관사와 함께 쓰인다.

남성단수	남성복수	여성단수	여성복수
mio	miei	mia	mie
tuo	tuoi	tua	tue
suo	suoi	sua	sue
nostro	nostri	nostra	nostre
vostro	vostri	vostra	vostre
loro	loro	loro	loro

◎ 예문 Il mio dizionario è sul tavolo. 내 사전은 테이블 위에 있다.
Questi soldi sono tuoi. 이 돈은 네 꺼야.
Questo pallone è di quel ragazzo. 이 공은 저 아이의 것이다.

2 소유형용사 앞 정관사의 부착과 생략

첫째, 친족 관계를 나타내는 단수 명사 앞에 소유형용사가 오는 경우 정관사를 생략한다. (예, padre, madre, figlio, figlia, fratello, sorella, marito, moglie 등)

◎ 예문 Mio padre ha un grande appartamento in centro.
내 아버지는 시내에 큰 아파트 한 채를 갖고 있다.

둘째, 친족을 나타내는 명사라도 'loro + 단수명사' 의 경우와 '소유형용사 + 복수' 의 경우 정관사를 붙인다. (예, il loro padre, i miei fratelli)

◎ 예문 Il loro padre è simpatico. 그들의 아버지는 좋으신 분이다.
I miei fratelli sono in Italia. 내 형제들은 이탈리아에 있다.

셋째, 친족을 나타내는 명사일지라도 애칭의 경우와 형용사의 수식을 받는 경우 정관사를 붙인다.

예문 La mia mamma è una brava cuoca. 나의 엄마는 훌륭한 요리사다.
Antonella è la mia cara cugina. 안토넬라는 귀여운 내 사촌이다.

문 형

A

È tuo questo?

Sì, è mio.

B

È di Paolo questo portafoglio?

No, non è suo. È di Enzo.

C

Sono rossi i tuoi pantaloni?

Sì, sono rossi.

D

Dove sono le borse di Angela e Paolo?

Le loro borse sono nel mio studio.

E

Di chi è questa chiave?

È mia.

대 화

A Di chi è questa macchina?

B È mia, ispettore.

A Qual è il Suo nome, signore?

B Il mio nome è Fabio Alberti.

A Signor Alberti, qual è il Suo numero di telefono?

B Il mio numero di telefono è 02.11233345.
Il mio numero di cellulare è 010.12345678.

A È con la Sua famiglia qui a Torino?

B Sì, sono con la mia famiglia per lavoro.

Questa è mia moglie.

A Quanti figli ha?

B Ho un bambino di 7 anni e una bambina di 3 anni.

A Qual è il Suo indirizzo?

B Via 4 settembre, 126.

연습문제 | 다음 물음에 이탈리아어로 답하시오.

ⓐ È nera la Sua macchina?

ⓑ È Sua questa penna?

ⓒ Il Suo cognome, qual è?

ⓓ Il tuo professore è bravo?

ⓔ Qual è il Suo numero di telefono?

Io parlo italiano.
나는 이탈리아어를 말합니다. 12

학습포인트
a. 이탈리아어 동사의 어미굴절 체계 학습
b. '–are형 동사'의 직설법 현재 규칙변형과 불규칙 변형의 학습

어휘

[동사]

abitare (~에 살다) andare (가다)
ascoltare (듣다) avere (~을 가지다)
dare (주다) essere (~이다)
fare (~을 하다) fumare (담배 피우다)
giocare (게임을 하다) insegnare (가르치다)
lavorare (일하다) mangiare (먹다)
parlare (말하다) stare (~한 상태로 있다)
studiare (공부하다) telefonare (전화하다)

[명사]

automobile (자동차) bar (바)
campagna (전원) casa (집)
chimica (화학) cinema (영화극장)
colazione (아침식사) coreano (한국인, 한국어)
dentista (치과의사) dottore (의사, 박사)
farmacista (약사) insegnante (선생님)
lago (호수) lavoro (일)
matematica (수학) pranzo (점심)
professore (교수님) ristorante (레스토랑)
scuola (학교) teatro (연극극장)
treno (기차)

[부사]

bene (잘) spesso(종종) troppo (너무)

핵심문법

1 이탈리아어 문장의 어순은 기본적으로 (주어)-동사-목적어의 형태를 가지며, 동사는 문장을 이루는 가장 기본적인 요소이다. 이탈리아어의 동사는 굴절을 통하여 주어에 대한 정보를 제공하고 동사 다음에 출현해야할 요소를 지정해주므로 이탈리아어 학습에 있어서 가장 중요하다고 할 수 있다. 또한 인칭에 따라 동사가 굴절하기 때문에 정확히 암기할 필요가 있다. 앞 과에서 우리는 **essere** 동사(be동사)와 **avere** 동사(have동사)의 변형에 대해 배운 바 있다.

인 칭	Essere	Avere
io	**sono**	**ho**
tu	**sei**	**hai**
lui / lei / Lei	**è**	**ha**
noi	**siamo**	**abbiamo**
voi	**siete**	**avete**
loro / Loro	**sono**	**hanno**

◉ 예문 Io sono coreano, di Seoul. 나는 서울 출신의 한국인입니다.
Io ho una bella casa in campagna. 나는 전원에 멋진 집을 하나 갖고 있다.

Essere동사와 Avere동사가 주어의 인칭에 따라 변화하는 것과 마찬가지로 이탈리아어의 거의 모든 동사들은 세 개의 카테고리(-are, -ere, -ire) 안에서 인칭에 따라 여섯 가지의 변형을 하게 된다. 물론 tradurre, produrre와 같은 동사들이 있기는 하다. 이번 과에서는 이 중 '-are동사'에 대해 살펴보기로 하자.

인 칭	parlare
io	parl**o**
tu	parl**i**
lui/lei/Lei	parl**a**
noi	parl**iamo**
voi	parl**ate**
loro/Loro	parl**ano**

예문 Io parlo bene l'italiano.나는 이탈리아어를 잘한다.
I coreani parlano il coreano. 한국인들은 한국어를 말한다.

모든 -**are**형 규칙동사들은 위와 동일한 패턴으로 어미변형을 한다.

예문 Noi studiamo l'italiano. 우리는 이탈리아어를 공부한다.
Il professore parla, noi ascoltiamo. 선생님은 말하고 우리는 듣는다.
Noi impariamo l'italiano. 우리는 이탈리아어를 배운다.
Enzo telefona a Silvia. 엔초는 실비아에게 전화한다.
Gioco a tennis. 난 테니스 친다.

-**are**형 동사라 하더라도 위의 규칙변형과 달리 독자적인 변형을 하는 소수의 동사들이 존재하는데 우리는 이를 -**are**형 불규칙 동사라 한다. 불규칙동사들은 일상생활에서 특히 많이 쓰이는 어휘들이 대부분이며 이들 불규칙 동사의 변형은 따로따로 암기하여야 한다. (이탈리아어의 불규칙 동사변형은 사전의 부록에 그 변형이 수록되어 있음)

-are형 불규칙 동사를 살펴보자

andare	stare	dare	fare
vado	sto	do	faccio
vai	stai	dai	fai
va	sta	dà	fa
andiamo	stiamo	diamo	facciamo
andate	state	date	fate
vanno	stanno	danno	fanno

예문 Io vado a scuola. 나는 학교에 간다.
Sto bene. 잘 지내요.
Il professore dà una penna a Silvia. 선생님이 실비아에게 펜을 준다.
Faccio colazione alle sette. 난 7시에 아침식사 한다.

한편 'andare' 동사는 자동사로서 뒤에 장소를 나타내는 표현을 필요로 하는데 이탈리아어에서 '~에' 에 해당하는 표현은 다양한 화용적 변이를 지니고 있으므로 각기 따로 암기하여야 한다.

andare	a	al	in	da	dal
vado	casa	cinema	ufficio	Gino	dottore
vai	pranzo	lago	banca	Marco	farmacista
va	piedi	mare	città	lei	dentista
andiamo	teatro	ristorante	treno	lui	
andate	scuola	bar	macchina		
vanno	mangiare	lavoro	farmacia		

문 형

A Che lingua parlano gli italiani?
Gli italiani parlano l'italiano.

B Quante sigarette fuma al giorno?
Fumo un pacchetto di sigarette al giorno.

C A chi telefoni?
Telefono alla mamma.

D Roberto, tu insegni l'italiano?
Sì, insegno l'italiano.

E Lavorano molto i coreani?
Sì, lavorano molto.

F Dove vai?
Vado a casa/al cinema/in banca/da Gino/dal dentista.

G Tu, giochi a calcio?
No, spesso gioco a tennis.

대 화

A　È giapponese?

B　No, sono coreano.

A　Abita a Busan?

B　No, non abito a Busan. Abito a Seoul.

A　Dove lavora?

B　Lavoro alla Samsung automobile.
　Lei lavora alla Fiat?

A　No, io lavoro in una scuola a Milano. Sono insegnante.

B　Che cosa insegna?

A　Insegno matematica.

B　Fuma?

A　No, non fumo.

B　Lavorate molto?

A　Sì, lavoriamo troppo.

연습문제 | 다음 물음에 이탈리아어로 답하시오.

ⓐ Siu è giapponese?

ⓑ Che cosa fa per vivere Enzo?

ⓒ Dove abita Siu?

ⓓ Insegna chimica a scuola Enzo?

ⓔ Che lavoro fa Siu?

----

13 Leggo il giornale ogni giorno.

난 매일 신문을 읽는다.

학습포인트

a. –ere동사의 직설법 현재 규칙 및 불규칙
b. –ere동사를 이용한 문장구성

어휘

[동사]

bere (마시다)
cenare (저녁식사하다)
conoscere (알다)
vedere (보다)
leggere (읽다)
mettere (놓다, 두다)
prendere (취하다)
rimanere (~에 남다)
sapere (알다)
scrivere (쓰다)
spegnere (끄다)
guardare (보다)
vivere (살다)

[명사]

acqua (물)
aperitivo (식사 전에 마시는 음료)
arancia (오렌지)
birra (맥주)
birreria (맥주집)
caffè (커피)
cappuccino (카푸치노)
cielo (하늘)
colazione (아침식사)
cornetto (코르넷또 빵)
cucchiaio (숟가락)
edicola (가판대)
frutta (과일)
giornale (신문)
lettera (편지)
lingua (언어)
luce (불빛, 전등)
mano (손)
pranzo (점심)
rivista (잡지)
settimana (주)
spaghetti (스파겟티)
succo (즙)
tasca (주머니)
tavola (식탁)
ufficio (사무실)

	vino (포도주)	vita (삶, 생활)
	zia (숙모)	zucchero (설탕)
[형용사]	destro (오른쪽의)	felice (행복한)
	naturale (자연적인)	solito (일상적인, 평상시의)
[전치사]	durante (~동안)	
[부사]	di solito (보통)	fuori (밖에서)
	mai (절대~아니다)	prima di (~하기 전에)
	qualche volta (가끔)	

핵심문법

1 -ere 규칙동사들은 모두 다음과 같은 어미변형을 한다.

인 칭	scrivere
io	scriv**o**
tu	scriv**i**
lui / lei / Lei	scriv**e**
noi	scriv**iamo**
voi	scriv**ete**
loro / Loro	scriv**ono**

◐ 예문 Scrivono una lettera alla zia. 그들은 숙모에게 편지를 쓴다.
Scrivo una e-mail al mio ragazzo. 내 남자친구에게 이메일 보낸다.

몇몇 규칙동사들의 예를 보자.

mettere (놓다, 두다)
leggere (읽다)
prendere (잡다, 들다, 취하다)
vivere (살다)
vedere (보다)

◘ 예문 Metto il mio libro sul tavolo. 테이블 위에 책을 놓는다.
Durante la colazione legge il giornale. 그는 아침식사 동안 신문을 읽는다.
Prendono una penna dalla tasca. 그들은 주머니에서 펜을 꺼낸다.
Lei vive una vita felice. 그녀는 행복한 삶을 살고 있다.
Il ragazzo vede il cielo. 소년은 하늘을 본다.

2 하지만 일상생활에 많이 쓰이는 다수의 불규칙동사들은 독자적인 변형을 한다. 따라서 어떤 식으로든 그 변형을 암기하여야 한다. 몇몇 불규칙동사의 변형을 살펴보자.

spegnere : spengo-spegni-spegne-spegniamo-spegnete-spengono
bere : bevo-bevi-beve-beviamo-bevete-bevono
sapere : so-sai-sa-sappiamo-sapete-sanno
rimanere : rimango-rimani-rimane-rimaniamo-rimanete-rimangono

◘ 예문 Spengo la luce. 난 불을 끈다.
Bevono le birre in birreria. 그들은 맥주집에서 맥주를 마신다.
So benissimo quello che faccio. 난 내가 무얼 하는지 잘 안다.
Rimaniamo in Italia per due settimane. 우린 2주간 이탈리아에 머무른다.

문 형

A Con che mano scrive Lei?

Scrivo con la mano destra.

B Quante lingue conosci?

Conosco tre lingue: l'inglese, il francese e l'italiano

C Qualche volta bevi con gli amici la sera?

No, non bevo mai.

D Metti lo zucchero nel caffè?

Sì, metto un cucchiaino di zucchero nel caffè.

E Per quanto tempo rimane in Italia?

Ci rimango tre settimane.

대 화

A　Antonio, a che ora fai colazione?

B　Faccio colazione alle 7.00

A　Che cosa prendi a colazione?

B　Prendo un cornetto e un cappuccino.
Di solito leggo il "Corriere della sera" durante la colazione.

A　Non prendi un succo di frutta?

B　Sì, prendo anche un succo d'arancia qualche volta.

A　Che cosa prendono gli italiani a pranzo?

B　Prima di pranzo, prendono un aperitivo: un Martini o un Campari.
A tavola bevono vino o acqua naturale.
Prendono un caffè dopo pranzo.

A　Ceni a casa o fuori?

B　Di solito, mangio a casa con gli amici.

A　Dopo cena, che cosa fai?

B　Leggo riviste o guardo la tv.

연습문제 | 다음 물음에 이탈리아어로 답하시오.

ⓐ Leggi molto?

ⓑ Quanti giornali leggi ogni giorno?

ⓒ Vai in edicola prima di andare in ufficio?

ⓓ Mangi qualche volta gli spaghetti?

ⓔ Conosci Leonardo da Vinci?

---

14 Capisco bene quando il professore parla in italiano.

선생님이 이탈리아어로 말씀하실 때 난 잘 이해한다.

학습포인트

a. -ire동사의 직설법 현재 규칙 및 불규칙

b. -ire동사를 사용한 문장구성

어휘

[동사]

abitare (~에 살다) aprire (열다) capire (이해하다, 알다)
cominciare (시작하다) parlare (말하다) dormire (잠자다)
dovere (~해야한다) finire (끝내다) fumare (담배피우다)
mangiare (먹다) morire (죽다) dire (말하다)
partire (출발하다) pulire (청소하다) salire (오르다)
sentire (듣다) uscire (나가다) venire (오다)

[명사]

autobus (버스) classe (학급) compito (숙제)
fame (배고픔) finestra (창문) insegnante (선생님)
musica (음악) negozio (상점) nessuno (nobody)
pausa (휴식시간) piede (발) rumore (소음)
scala (계단) stanza (방) traffico (교통체증)
ufficio (사무실) volta (번, 회)

[형용사] lontano (먼) qualche (몇몇의) strano (이상한)

[부사]

abbastanza(어느 정도, 적당히) allora (그렇다면, 그래서)
ancora (아직) bene (잘) comunque (어쨌든)
in ritardo (늦게) qui (여기) sempre (늘)
tranquillamente (태연하게) verso (~경에)

[의문사] perché (왜)

[기타]

a piedi(걸어서) come mai (어째서, 왜)
nonostante (~에도 불구하고) prima di~(~전에)
quando (~할 때에) un po' prima(조금 일찍)

핵심문법

1 -ire 규칙동사는 다음과 같은 변형을 하며 1군과 2군 동사 두 그룹으로 나눌 수 있다. -ire동사가 1군 변형을 하는지 2군 변형을 하는지는 사전 상에서 확인할 수밖에 없다.

인 칭	1군(sentire)	2군(capire)
io	sent**o**	cap**isco**
tu	sent**i**	cap**isci**
lui / lei / Lei	sent**e**	cap**isce**
noi	sent**iamo**	cap**iamo**
voi	sent**ite**	cap**ite**
loro / Loro	sent**ono**	cap**iscono**

예문 La notte sentiamo dei rumori molto strani.
우리는 밤에 매우 이상한 소리를 듣는다.

Capisco, ma (io) non parlo bene l'italiano.
이탈리아어를 이해하지만 말은 잘 못한다.

마찬가지의 변형을 하는 몇몇 규칙동사의 예를 보자.

finire (끝내다) aprire (열다) dormire (잠자다)
pulire (청소하다)

예문 Finiamo il compito prima di uscire.
우리는 밖에 나가기 전에 숙제를 끝낸다.

I negozi aprono alle 7.00 del mattino.
가게들은 아침 7시에 문을 연다.

Dorme tranquillamente nonostante il rumore.

그는 소음에도 아랑곳 하지 않고 잠을 잔다.

Pulisco la stanza quando non c'è nessuno a casa.

집에 아무도 없을 때 방 청소를 한다.

2 불규칙동사

-are, -ere동사와 마찬가지로 일상생활에서 흔히 쓰이는 -ire동사의 불규칙 또한 독자적인 변형을 하므로 따로 암기 하여야 한다. 몇 가지 경우를 살펴보자.

dire : dico-dici-dice-diciamo-dite-dicono

uscire : esco-esci-esce-usciamo-uscite-escono

venire : vengo-vieni-viene-veniamo-venite-vengono

salire : salgo-sali-sale-saliamo-salite-salgono

morire : muoio-muori-muore-moriamo-morite-muoiono

예문 Gli italiani dicono "Buon appetito" prima di mangiare.

이탈리아인들은 식사 전에 "부온 아페띠또" 라고 말한다.

I bambini escono alle 3.00 dalla scuola.

아이들은 3시에 학교에서 나온다.

Veniamo a scuola con l'autobus.

우리는 버스로 학교에 온다.

I bambini salgono per le scale.

아이들이 계단을 오른다.

Muoio dalla fame.

배고파 죽겠다.

문 형

A Durante la pausa, l'insegnante esce dalla classe?

Sì, esce dalla classe.

B Quante ore dorme al giorno?

Dormo otto ore.

C Capisce bene l'italiano?

Sì, abbastanza.

D Perché viene a scuola?

Vengo a scuola per studiare l'italiano.

E Con che cosa viene a scuola?

Vengo a piedi.

대 화

A Sig. Park, arriva sempre in ritardo. Come mai?

B Scusi, professoressa, ma la mia casa è abbastanza lontana da qui.

A Dove abita?

B Abito a Chamsil.

A Viene a scuola con la macchina o a piedi?

B Vengo con la macchina.

A A che ora parte per venire qui?

B Parto verso le otto, ma c'è sempre tanto traffico a quest' ora.

A Capisco, ma deve comunque partire un po' prima.

B Va bene.

A Allora cominciamo la lezione di oggi.
Cosa dicono gli italiani prima di mangiare?

B Buon appetito.

A Lei capisce quando parlo l'italiano?

B Sì, capisco abbastanza, ma non parlo ancora bene.

연습문제 | 다음 물음에 이탈리아어로 답하시오.

ⓐ A che ora aprono i negozi in Corea?

ⓑ Capisce bene l'italiano?

ⓒ A che ora esce dall'ufficio?

ⓓ Aprite la finestra quando fumate?

ⓔ Senti qualche volta la musica?

15 Lo capisco.

그것을 이해합니다.

학습포인트

a. 직접목적대명사 lo, la, li, le의 이해
b. 부분인수와 ne의 용법

어휘

[명사]

amica (여자친구) | bambini (아이들)
biscotto (과자) | cappuccino (카푸치노)
casa (집) | dizionario (사전)
fotografia (사진) | giardino (정원)
mamma (엄마) | mela (사과)
rosa (장미) | signora (미시즈)
signore (미스터)

[동사]

amare (사랑하다) | comprare (사다)
conoscere (알다) | dire (말하다)
incontrare (만나다) | leggere (읽다)
mangiare (먹다) | mettere (놓다, 두다)
offrire (제공하다) | prendere (취하다, 갖다)
scrivere (쓰다) | vedere (보다)

[기타]

là (그곳에서) | ogni giorno (매일)
ogni tanto (종종) | qualche volta (가끔)
quanto (얼만큼) | spesso (종종)
troppo (너무)

핵심문법

1 이탈리아어의 기본적인 어순은 '주어 + 동사 + 동사가 요구하는 요소' 이다. mangiare('먹다'), incontrare('만나다')와 같은 동사들은 자신 뒤에 무엇을 먹는지, 누구를 만나는지와 같이 '~을' 에 해당하는 목적어를 반드시 필요로 하는데 우리는 이를 직접목적어라 부른다. 예를 들어 '나는 엄마에게 장미를 준다' 란 문장은 이탈리아어에서 '나는 + 준다 + 장미를 + 엄마에게', 혹은 '나는 + 준다 + 엄마에게 + 장미를' 로 실현될 것이다. 즉, 'Io do una rosa alla mamma' 혹은 'Io do alla mamma una rosa' 이다. 그러나 문맥상 '~을' 에 해당하는 요소가 무엇인지를 누구나가 유추할 수 있다면 '그것을' 이라는 대명사로 바꾸어 말할 수 있다.

'나는 엄마에게 장미를 준다'
'나는 엄마에게 그것을 준다'

그런데 목적어 위치에 올 수 있는 것은 명사이고 이탈리아어의 명사는 성과 수를 반영하는 체계이므로 '그것' 에 해당하는 명사는 네 가지 종류, 즉 남성단수, 남성복수, 여성단수, 여성복수 중의 하나이어야 한다. 대명사로 받을 목적어 명사의 성과 수에 따라 대명사의 형태도 아래와 같이 달라지게 된다.

직접목적대명사 '~을(를)'
lo (남성단수명사)
la (여성단수명사)
li (남성복수명사)
le (여성복수명사)
ne (전체수량) + 수량표시

중요한 점은 일단 문제의 명사가 직접목적대명사로 치환되면 그 요소는 원래 자리에 있지 않고 반드시 동사 앞으로 이동한다는 점이다.

예문 Kim offre **un cappuccino** al professore. (표준어순)

김은 교수님께 카푸치노 한 잔을 드린다.

Kim **lo** offre al professore. (직접목적대명사의 어순)

김은 교수님께 그것을 드린다.

한편 사물이 아닌 사람이 직접목적대명사일 경우 그 형태는 다음과 같다.

직접목적어(인칭) '~을(를)'
mi (나를)
ti (너를)
lo / la / La (그를 / 그녀를 / 당신을)
ci (우리를)
vi (너희를)
li / le (그들을/그녀들을)

예문 Io ti amo. 널 사랑해.

Silvia lo ama troppo. 실비아는 그를 너무도 사랑한다.

2 위에서 우리는 직접목적대명사가 원래의 해당명사 전체를 온전하게 100퍼센트 인수하였음을 보게 된다. 하지만 이 대명사가 해당명사의 부분만을 인수할 수도 있다. 이 경우에는 '부분 직접목적대명사' 인 접어 ne를 이용하여 일단 전체를 언급하고 그 중 인수한 수량은 동사 뒤에서 언급하게 된다. ne가 등장할 경우 동사 뒤에 반드시 언급되는 수량은 지시하는 명사의 성을 나타내야 한다.

예문 Quanti libri compri? → Ne compro uno (due).

책 몇 권이나 사니? 한 권(두 권) - 전체 중의 일부

Quante mele prendi? → Ne prendo una (due).

사과 몇 개나 사니? 한 개(두 개) - 전체 중의 일부

문 형

A Legge ogni giorno il "Corriere della sera"?

Sì, lo leggo.

B Vede qualche volta Maria?

Sì, la vedo qualche volta

C Conosce le amiche di Maria?

No, non le conosco

D Mangia gli spaghetti?

Sì, li mangio ogni settimana

E Quante mele mangi?

Ne mangio due

대 화

A Vede questa fotografia?

B Sì, la vedo

A Vede questo signore?

B Sì, lo vedo

A Chi è questo signore?

B Non lo conosco

A Conosce questa signora?

B No, non la conosco
Conosco solo questi bambini.
Qualche volta do dei biscotti ai bambini.

A Dove li vede?

B Vado ogni tanto con il mio bambino nel giardino vicino a casa mia.
Li vedo spesso là.

연습문제 | 다음 물음에 이탈리아어로 답하시오.

ⓐ Parla l'italiano?

ⓑ Quante e-mail scrivi ogni giorno?

ⓒ Dove mettiamo il dizionario?

ⓓ Compriamo questi libri? Che ne dici?

ⓔ Conosci i miei amici?

Ti do una mano. 16

내가 널 도와줄게.

학습포인트

a. 강세형 간접목적대명사의 체계
b. 무강세형 간접목적대명사의 사용

어휘

[명사]

bacio (입맞춤)	cappuccino (카푸치노)
compito (숙제)	compleanno (생일)
fastidio (귀찮음)	fumo (연기)
genitori (부모)	moglie (부인)
ombrello (우산)	regalo (선물)
sigaretta (담배)	viaggio (여행)

[동사]

augurare (축하의 말을 하다)	controllare (체크하다)
dare (주다)	dire (말하다)
entrare (들어가다)	mandare (보내다)
offrire (제공하다)	regalare (선물하다)
scrivere (쓰다)	telefonare (전화하다)
uscire (나가다)	

[기타]

dare del lei (존대말을 하다)	dare del tu (말을 놓다)

핵심문법

1 이탈리아어의 기본적인 어순은 '주어 + 동사 + 동사가 요구하는 요소' 로 구성된다고 하였다. dare('주다'), regalare('선물하다')와 같은 동사들은 자신 뒤에 '누구에게 무엇을' 주는지, '누구에게 무엇을' 선물하는지와 같은 항목이 반드시 출현해야 하는데 우리는 '~을' 에 해당되는 요소뿐만이 아니라 '~에게' 에 해당되는 요소도 대명사로 받을 수 있다. '~에게' 에 해당하는 요소를 우리는 간접목적어라 부르는데 이 간접목적어는 대명사의 형태로 대치될 수 있다. 예를 들어 '나는 엄마에게 장미를 준다' 란 문장은 이탈리아어에서 '나는 + 준다 + 장미를 + 엄마에게' , 혹은 '나는 + 준다 + 엄마에게 + 장미를' 로 실현될 것이고 문맥상 '~에게' 에 해당하는 요소가 누구인지를 유추할 수 있다면 '나는 + 준다 + 장미를 + 그녀에게' , 혹은 '나는 + 준다 + 그녀에게 + 장미를' 로 표현할 수 있을 것이다.

'나는 엄마에게 장미를 준다'
'나는 그녀에게 장미를 준다'

2 이탈리아어에서는 '~에게' 를 표현하는 방식이 두 가지가 있다.

~에게
mi (=a me) 나에게
ti (=a te) 너에게
gli / le / Le (=a lui / lei / Lei) 그 / 그녀 / 당신에게
ci (=a noi) 우리에게
vi (=a voi) 너희에게
gli (=loro) 그들에게

예문 Diamo le caramelle ai bambini.

= Diamo loro le caramelle.

= Le diamo (a) loro.

= A loro, le diamo.

하나는 위 도표의 괄호 안에 표기되어있는 a me, a te, a lui등과 같은 형태의 강세형 간접목적대명사, 다른 하나는 괄호 밖에 표기되어 있는 mi, ti, gli 등과 같은 형태의 무강세형 간접목적대명사가 그것이다. 전자는 문장 내에서 실현될 경우 표준 어순을 따르며 강세를 동반한다. 반면 후자는 원래의 어순을 벗어나 동사의 앞으로 반드시 이동하며 강세를 동반하지 않는다.

예문 Maria offre un cappuccino **a Silvia**. (강세형)
마리아는 **실비아에게** 카푸치노 한 잔을 제공한다.

Maria **le** offre un cappuccino. (무강세형)
마리아는 **그녀에게** 카푸치노 한 잔을 제공한다.

문 형

A Mandiamo una e-mail al professore?
Sì, gli mandiamo una e-mail.

B Che cosa gli dice quando Le dà un regalo?
Gli dico "grazie".

C Auguriamo loro buon viaggio?
Sì, auguriamo loro buon viaggio.

D Regali qualcosa alla tua mamma il giorno del suo compleanno?
Sì, le regalo qualcosa.

대 화

A Chi Le dà le lezioni d'italiano?

B Il Sig. Choi.

A Che cosa Le dà Sua moglie prima di uscire di casa?

B Mi dà un bacio.

A Le dà fastidio il fumo delle sigarette?

B No, non mi dà fastidio.

A Ci diamo del "tu"?

B Sì, diamoci del "tu".

A Che cosa scrivi? Scrivi al tuo amico?

B No, non gli scrivo. Faccio il compito d'italiano.

A Quante volte telefoni a tua moglie?

B Io non le telefono, ma lei mi telefona ogni tanto per controllarmi.

연습문제 | 다음 물음에 이탈리아어로 답하시오.

ⓐ Mi presti un ombrello?

ⓑ Scrive qualche volta ai Suoi genitori?

ⓒ Gli italiani danno del "tu" o danno del "Lei" agli amici?

ⓓ Che cosa dice Lei al professore quando entra in classe?

ⓔ Ti dà fastidio il fumo delle sigarette?

---

17 Perché non glielo compriamo?

그에게 그걸 사주자

학습포인트 | a. 이중대명사 표현

어휘

[동사]

arrivare (도착하다)
cambiare (바꾸다)
chiamare (부르다, 전화하다)
comprare (사다)
credere (생각하다, 믿다)
dare (주다)
funzionare (기능을 하다)
lavare (세탁하다)
offrire (제공하다)
prestare (빌려주다)
regalare (선물하다)
sentire (듣다)
stirare (다림질하다)
studiare (공부하다)

[명사]

camicia (셔츠)
caramella (캬라멜)
compleanno (생일)
disco (디스크)
idea (아이디어)
mela (사과)
ombrello (우산)
pantaloni (바지)
quadro (그림)
regalo (선물)
stazione (역)
telefonino (핸드폰)

[형용사]

nuovo (새로운)
piccolo (작은)
sporco (더러운)
vecchio (오래된)

[기타]

adesso (이제, 지금)
allora (그렇다면, 그러면)
di nuovo (다시)
d'accordo! (동의해!)
finalmente (드디어, 결국)
insieme (함께)
Pronto! (여보세요!)
va bene! (좋아!)

핵심문법

1 위 두 과에서 살펴본 바와 같이 직접목적어와 간접목적어는 대명사로 받아 처리할 수 있으며 이 두 경우 모두 원래의 자리를 버리고 동사 앞으로 이동되고 있음을 보았다. 결국 직접목적대명사와 간접목적대명사는 동사 앞에서 서로 만나 충돌을 하게 되는데 이때에는 두 형태가 결합하여 다음과 같이 새로운 형태가 만들어지게 된다.

~에게	~을	~에게 ~을
mi 나에게		me lo / me la / me li / me le / me ne
ti 너에게	lo (남성단수명사)	te lo / te la / te li / te le / te ne
gli / le / Le 그 / 그녀 / 당신에게	la (여성단수명사) li (남성복수명사)	glielo / gliela / glieli / gliele / gliene Glielo / Gliela / Glieli / Gliele / Gliene
ci 우리에게	le (여성복수명사)	ce lo / ce la / ce l i/ ce le / ce ne
vi 너희에게	ne (전체중 + 수량)	ve lo / ve la / ve li / ve le / ve ne
gli 그들에게		glielo / gliela / glieli / gliele / gliene

2 대명사로 전환된다는 것은 말하는 이나 듣는 이 모두 그 대명사가 언급하는 것이 무엇인지를 안다는 의미이며 직접목적대명사나 간접목적대명사 중의 한 가지, 혹은 둘 다를 선별적으로 사용할 수 있다. 따라서 다음과 같은 형태의 모든 문장이 가능하다.

Maria offre un cappuccino a me (표준 문장)
Maria mi offre un cappuccino. (간접목적대명사 이동)
Maria lo offre a me. (직접목적대명사 이동)
Maria me lo offre. (두 대명사의 결합)

예문 Silvia dà una mela a Bruno. 실비아는 브루노에게 사과를 준다.
Silvia la dà a Bruno. 실비아는 브루노에게 그것을 준다.
Silvia gli dà una mela. 실비아는 그에게 사과를 준다.
Silvia gliela dà. 실비아는 그에게 그것을 준다.

문 형

A

Mi presti un ombrello?

Sì, te lo presto.

B

A chi regaliamo questo quadro?

Lo regaliamo a Silvia.

C

Ti regala un nuovo telefonino per il tuo compleanno, tuo padre?

No, non me lo regala.

D

Diamo le caramelle a quei bambini piccoli?

Sì, le diamo a loro.

대 화

A Pronto! Sono Massimo.
Mi senti, Claudia?

B Pronto!, Pronto!
Chi sei? Non ti sento bene.

A Claudia! Oh!
Ti chiamo di nuovo.

B Ah, Massimo. Adesso ti sento bene.

A Oh, finalmente! Ma quando cambi il tuo vecchio telefonino?

B Perché non me lo compri tu? Il mio telefonino funziona benissimo.
È tuo il problema, credo!

A Senti! Tra qualche giorno è il compleanno di Lucia.
Che cosa le regaliamo? Le compriamo dei dischi?

B Buona idea! Bel regalo.

A Allora andiamo insieme a comprarli?

B D'accordo! Ci vediamo alla stazione Termini alle 6.00.

A Va bene.

연습문제 | 다음 물음에 이탈리아어로 답하시오.

ⓐ Ti stira le camicie la tua mamma?

ⓑ Compri ogni giorno il giornale in edicola?

ⓒ Perché studi l'italiano?

ⓓ Dove lavi i pantaloni sporchi?

ⓔ Che cosa regali alla tua ragazza nel giorno del suo compleanno?

Mi piace la musica.

나는 음악을 좋아한다.

18

학습포인트

a. piacere (mancare, importare, servire, interessare) 동사의 학습
b. salutare와 frequentare동사의 학습
c. ascoltare동사의 학습

어휘

[동사]
ascoltare (듣다) | dire (말하다)
frequentare (~에 다니다) | importare (~이 중요하다)
interessare (~이 관심있다) | mancare (~이 모자라다)
piacere (~좋아하다) | salutare (인사하다)
servire (~이 쓰이다) | viaggiare (여행하다)

[명사]
animale (동물) | attimo (찰나, 순간)
carne (고기) | cucina (요리)
estate (여름) | estero (외국)
figlia (딸) | inglese (영어)
inizio (시작) | ministro (장관)
moda (패션) | pesce (생선)
pizza (피자) | presidente (대통령, 사장)
riforma (개혁) | strada (길)
televisione (텔레비젼) | università (대학)
viaggio (여행) | zio (삼촌)

[형용사]
unico (유일한) | universitario (대학의)

[기타]
Boh (잘 모르겠다는 의미로 '글쎄')
di più (더욱) | inoltre (그 외에)

핵심문법

1 'piacere'(~을 좋아하다) 동사는 특이하게도 이 동사 뒤에 따라오는 명사가 주어인 것처럼 행동한다.

인 칭	piacere
io	**piaccio**
tu	**piaci**
lui / lei	**piace**
noi	**piacciamo**
voi	**piacete**
loro	**piacciono**

따라서 '~을 좋아한다'는 표현은 지금까지의 구문 패턴과 다르게 이탈리아어에서 "~에게(mi, ti, le, gli, ci, vi, gli) 어떤 것(동사 뒤에 오는 단수 혹은 복수의 물건)이 좋다"는 식으로 말한다.

예문 Io piaccio la mela. (틀린 표현, 사용되지 않음)

Mi piace la pizza. 나는 피자(단수)를 좋아한다.
Mi piacciono le pizze. 나는 피자(복수)를 좋아한다.

A mia madre piace la pizza. 나의 어머니는 피자(단수)를 좋아하신다.
A mia madre piacciono le pizze. 나의 어머니는 피자(복수)를 좋아하신다.

Ti piaccio? 너 나 좋아하니?
Sì, Mi piaci. 응, 나 너 좋아해.

piacere와 같은 패턴으로 표현되는 또 다른 동사로는 mancare, importare, servire, interessare 등이 있다.

◆ 예문 Mancano tre minuti alle tre. 3시 3분 전이다.
Non mi importa/Non mi interessa 중요치 않아/관심 없어.
Mi serve una penna. 펜이 필요하다
Ti manco?/Mi manchi 너 나 보고싶니? / 너 보고싶어.

2 'salutare' (~에게 인사하다)와 'frequentare' (~에 다니다)는 우리말과 다르게 직접목적어를 취하는 동사로 우리말에서 '~에', '~에게' 로 표현되지만 이탈리아어에서는 '~을' 로 표현됨에 유의하여야 한다.

◆ 예문 Io saluto al professore (틀린 표현)
Io saluto il professore. 나는 선생님께 인사한다.

Io frequento all'Università Hankuk. (틀린 표현)
Io frequento l'Università Hankuk. 나는 한국대학에 다닌다.

3 'ascoltare' (듣다) 동사는 바로 다음에 사람이 나와 '그 사람의 말을 듣는다' 는 의미를 포괄하여 사용된다.

◆ 예문 Ascoltiamo il Sig. Cho 미스터 조의 얘길 들어봅시다.
Ascoltiamo il Presidente. 대통령의 말을 듣겠습니다.

문 형

A Ti piace la cucina italiana?
Sì, mi piace molto.

B A tuo padre piace viaggiare?
Sì, gli piace viaggiare

C Saluti il professore quando lo vedi per la strada?
Sì, lo saluto.

D Frequenti il secondo anno?
Sì, frequento il secondo anno dell'Università Hankuk.

E Ascoltiamo il Sig. Galli?
Sì, ascoltiamolo.

대 화

A Sig. Han, a Sua moglie piace viaggiare?

B Sì, le piace.
Va ogni estate in Italia.

A A lei piace l'Italia?

B Sì, molto. Inoltre, la nostra unica figlia è in Italia.

A Sta in Italia per lavoro?

B No, è in Italia per studiare la moda.
Frequenta la Domus da due anni.

A Allora capisce bene l'italiano.

B Adesso sì, ma all'inizio non capiva niente.
Ma chi è quello là alla televisione?

A È il famoso ministro dell'Educazione.

B Cosa dice?

A Boh, ascoltiamolo un attimo.
Sì, parla della riforma universitaria.

B Chi è quel signore? Lo conosci?

A È il mio professore d'inglese. salutiamolo.

연습문제 | 다음 물음에 이탈리아어로 답하시오.

ⓐ Le piace la lingua italiana?

ⓑ Ti piacciono gli animali?

ⓒ Le piace di più la carne o il pesce?

ⓓ Quale università frequenti?

ⓔ Salutiamo lo zio?

Posso parlare l'italiano. 19

이탈리아어를 말할 수 있다.

학습포인트 | a. 조동사의 학습

어휘

[동사]

andare (가다) bere (마시다)
conoscere (알다) dormire (잠자다)
dovere (~해야한다) entrare (들어가다)
fare (하다) guidare (운전하다)
mettere (놓다) migliorare (향상시키다)
nuotare (수영하다) potere (~할 수 있다)
sapere (~할 줄 알다) studiare (공부하다)
suonare (연주하다) tagliare (자르다)
tenere (지니다) uscire (나가다)
vedere (보다) vivere (살다)
volere (~원하다)

[명사]

amore (사랑) banca (은행)
biblioteca (도서관) bisogno (필요)
carta (종이) cinema (극장)
conoscenza (앎, 인식, 지식) film (영화)
forbici (가위) guerra (전쟁)
occhiali (안경) pace (평화)
passaporto (여권) patente (운전면허증)
pianoforte (피아노) quaderno (노트)
tasca (주머니) voglia (희망, 욕망)

[기타]

ora (지금) per favore (청컨대) sempre (늘, 항시)

핵심문법

1 조동사는 말 그대로 본동사를 도와주는 동사로서 우리말의 '~하고 싶다' '~할 수 있다' '~해야 한다', '~할 줄 안다' 와 같이 본동사의 출현을 전제로 한다. 따라서 조동사 다음에는 본동사가 내재적으로든 외재적으로든 표현되어야한다.

Volere	Potere	Dovere	sapere
voglio	posso	devo	so
vuoi	puoi	devi	sai
vuole	può	deve	sa
vogliamo	possiamo	dobbiamo	sappiamo
volete	potete	dovete	sapete
vogliono	possono	devono	sanno

조동사들도 일반동사와 마찬가지로 인칭에 따라 변형하기 때문에 곧바로 뒤에 따라올 본동사는 변형 없이 원형을 써야 한다.

2 조동사의 기능을 하는 관용적 표현으로 riuscire a~(=~할 수 있다), avere bisogno di~(=~할 필요가 있다), aver voglia di~(=~하고 싶다)등이 있다.

3 Sapere는 조동사와 본동사 두 가지의 형태로 모두 쓸 수 있다. "Lo so. / Non lo so."의 경우는 본동사로 쓰인 반면 "So guidare. / Non so nuotare."의 경우는 조동사로 쓰인 경우이다.

예문 Voglio vedere il film “Guerra e pace”.

나는 영화 '전쟁과 평화' 를 보고 싶다.

Non posso uscire con te stasera, perché devo fare i compiti.

나는 숙제해야 해서 오늘저녁 너랑 외출할 수 없다.

Non so guidare.

난 운전할 줄 모른다.

Non posso (=riesco a) vivere senza te.

너없인 살 수 없다.

Ho bisogno di studiare l'italiano per lavorare.

일하기 위해서 이탈리아어 공부를 할 필요가 있다.

Ho una gran voglia di dormire.

정말 잠자고 싶다.

문형

A Lei può vedere senza occhiali?
No, non posso.

B Lei sa suonare il pianoforte?
Sì, so suonare il pianoforte.

C Vuoi conoscere mia moglie?
Sì, la voglio conoscere. (=Sì, voglio conoscerla)

D Può andare in Italia senza passaporto?
No, non posso.

E Se ho bisogno di soldi, vado in banca.
Dove deve andare se ha bisogno di un libro?
Vado in biblioteca.

대 화

A　Per favore, può mettere questo quaderno nella Sua tasca?

B　No, non posso.

A　Perché non può?

B　Perché il quaderno è troppo grande.

A　Voglio comprare delle forbici.

B　Per fare che?

A　Devo tagliare la carta.

A　La patente, signore!

B　Non la ho qui, ma a casa.

A　Che cosa deve avere per guidare la macchina?

B　La patente.

A　Deve tenerla sempre con sé.

연습문제 | 다음 물음에 이탈리아어로 답하시오.

ⓐ Può vivere senza amore?

ⓑ Puoi mettere in tasca la macchina? Se non puoi, perché?

ⓒ Dove vanno se vogliono bere la birra?

ⓓ Cosa deve fare per migliorare la conoscenza dell'italiano?

ⓔ Che cosa deve fare per entrare al cinema?

Si deve avere il passaporto per andare all'estero.

외국에 가려면 여권을 가져야 해요.

20

학습포인트

a. 기본적인 비인칭 표현
b. 비인칭 si 표현의 학습

어휘

[동사]

arrivare (도착하다) bisognare (~필요하다) convenire (~하는편이 낫다)
dire (말하다) diventare (~이 되다) entrare (들어가다)
fare (날씨 표현에 쓰이는 '하다') grandinare (우박이 내리다)
guadagnare (돈을 벌다) guidare (운전하다) imparare (배우다)
incontrare (만나다) lampeggiare (번개가 치다) nevicare (눈이오다)
occorrere (~할 필요가 있다) partire (떠나다) piovere (비가오다)
preparare (준비하다) salutare (인사하다) scrivere (쓰다)
tirare (바람이 불다) trovare (발견하다) tuonare (천둥치다)

[형용사]

facile (쉬운) felice (행복한) libero (자유로운)
ricco (부유한) straniero (외국의) ubriaco (술취한)
ultimo (마지막의)

[명사]

biglietto (표) caldo (더위) Colosseo (콜로세움)
cucchiaio (숫가락) domanda (질문) freddo (추위)
grammatica (문법) lavoro (일) minestra (수프)
patente (운전면허증) persona (사람) strada (길)
vacanza (방학) vento (바람)

[기타]

andare via (가버리다) assolutamente (절대적으로)
durante (~동안) oppure (혹은)
prima di tutto (무엇보다도) secondo te (네 생각에는)

핵심문법

1 보통 3인칭 단수만을 사용하는 비인칭 표현들이 있다. piovere(비가 오다), nevicare(눈이 오다), tuonare(천둥치다), grandinare(우박이 내리다), lampeggiare (번개가 치다), fare (날씨 표현에 쓰이는 '하다'), tirare(바람이 불다) 등과 같이 기후를 나타내는 어휘들은 비인칭적으로 쓰인다.

◎ 예문 Oggi piove molto. 오늘은 비가 많이 온다.
Nevica. 눈이 내린다.
Fa caldo / freddo. 덥다/춥다.
Tira vento. 바람이 분다.

2 3인칭 단수형을 조동사처럼 사용하여 본동사를 유도하는 비인칭적 표현들이 있다. 'Bisogna~', 'conviene~', 'occorre~' 등의 표현이 이에 해당한다.

◎ 예문 Bisogna studiare molto per parlare l'italiano.
이탈리아어를 말하려면 공부 많이 할 필요가 있다.

Conviene partire subito.
곧바로 떠나는 편이 낫겠다.

Occorre molto tempo per imparare una lingua straniera.
외국어를 배우는데는 많은 시간이 필요하다.

3 비인칭의 si를 동사의 3인칭 단수 형태 앞에 부가하여 '일반인 누구라도'의 개념을 표현한다.

예문 Se si vuole guidare, si deve avere la patente.
운전을 원한다면 면허증을 가져야 한다.

Non si può guidare la macchina senza patente.
면허증 없이 자동차 운전을 할 수 없다.

4 어떤 이 'Uno' 를 사용해서 일반화를 꾀할 수 있다. 이 경우 '비인칭 si' 의 사용과 대비된다. 다음 예문에서 각각의 차이점을 주목하기 바란다.

예문 Massimo è felice quando è libero.
마시모는 자유로울 때 행복하다.

Uno è felice quando è libero.
사람은 자유로울 때 행복하다.
Si è felici quando si è liberi. (=Noi siamo felici quando siamo liberi.)
사람들은 누구라도 자유로울 때 행복하다.

5 일반인의 개념과 수동형의 구문이 합친 비인칭 표현도 있다.

예문 Se si studia una lingua straniera, è facile trovare un lavoro.
Se si studiano le lingue straniere, è facile trovare un lavoro.
외국어를 공부하면 직업을 찾기쉽다.

6 비인칭의 si는 1인칭 복수의 대용으로 사용되기도 하고 상호사로써 사용되기도 한다.

예문 Si va al mare dopo cena. 저녁식사 후 우리는 바다에 간다.
Loro si salutano quando si incontrano. 그들은 만나면 서로 인사한다.

문 형

A Si può scrivere senza una penna?
No, non si può

B Si deve studiare molto per diventare ricco?
Sì, si deve studiare molto.

C Cosa si mangia a colazione?
Si mangia un cornetto e un cappuccino.

D Si può mangiare la minestra senza cucchiaio?
No, si deve avere un cucchiaio.

대화

A Che cosa si dice prima di andare via?

B Si dice "Arrivederci a tutti"

A Come si dice quando due persone si incontrano per la strada?

B Si dice "Buon giorno" oppure "Ciao"

A Si può entrare al cinema senza biglietto?

B No, non si può.

A Allora, che cosa si deve avere per farlo?

B Si deve avere il biglietto.

A Che cosa si deve fare se si vuole parlare bene l'italiano?

B Si deve studiare molto la grammatica prima di tutto.

A Ultima domanda. Si può guidare la macchina quando si è ubriachi?

B Non si deve guidare assolutamente.

연습문제 | 다음 물음에 이탈리아어로 답하시오.

ⓐ Cosa si deve prendere per vedere il Colosseo?

ⓑ Se si vuole guadagnare molti soldi, cosa si deve fare secondo te?

ⓒ Si può diventare ricco senza studiare molto?

ⓓ Cosa si deve fare se si vuole imparare bene una lingua straniera?

ⓔ Cosa si deve preparare per andare in Italia durante le vacanze?

---

21 L'italiano è più facile dell'inglese.

이탈리아어는 영어보다 쉽다.

학습포인트

a. 비교급 구문의 이해
b. 최상급 구문의 학습

어휘

[명사]

autogrill (고속도로 휴게소)
condizione (조건)
donna (여성)
monte (산)
piano (층)
sorella (누나, 여동생)
telefonino (핸드폰)
uomini (남자들)
uomo (남자)

[동사]

fermarsi (멈추다)
giocare (놀다)
portare (가져가다)
tenere (지니다)
viaggiare (여행하다)

[형용사]

antico (오래된)
buono (좋은)
veloce (빠른)
comodo (편안한)
difficile (어려운)
divertente (재미있는)
importante (중요한)
interessante (흥미로운)
lungo (긴)
sicuro (확실한)
cattivo (나쁜)

[부사]

esteticamente (미적으로)
industrialmente (산업적으로)

핵심문법

1 명사와 대명사의 비교는 다음과 같다.

우등비교 : più - di
열등비교 : meno-di
동등비교 : (così)-come 혹은 (tanto) -quanto

예문 Maria è più alta di Lucia. 마리아는 루치아보다 키가 크다.
Maria è meno alta di Lucia. 마리아는 루치아보다 키가 작다.
Maria è (così) alta come Lucia. 마리아는 루치아만큼 키가 크다.
Lei è più alta di lui. 그녀는 그보다 더 키가 크다.
La mia macchina è più nuova della tua. 내 자동차는 네 것보다 더 새것이다.

2 동사와 형용사의 비교는 다음과 같다.

우등비교 : più - che
열등비교 : meno - che
동등비교 : (così)-come 혹은 (tanto) -quanto

예문 Parlare è più difficile che ascoltare. 말하는 것은 듣는 것 보다 더 어렵다.
Ascoltare è meno difficile che parlare 듣는 것은 말하는 것 보다 덜 어렵다.
Quest'auto è veloce quanto comoda 이 자동차는 편안한 만큼 빠르다.

3 양의 비교

우등비교 : più - che
열등비교 : meno - che
동등비교 : tanti(e) + 명사 - quanti(e) 명사

예문 Vedo più bambine che bambini. 남자아기보다 여자아기를 더 많이 본다.
Vedo meno bambine che bambini. 남자아기보다 여자아기를 덜 본다.

Conosco tante donne quanti uomini. 남자만큼 여자들을 알고 있다.
Conosco tanti uomini quante donne. 여자만큼 남자들을 알고 있다.

4 한 단어짜리 비교급, 최상급 어휘들이 있다.

più buono → migliore → ottimo
più cattivo → peggiore → pessimo
più grande → maggiore → massimo
più piccolo → minore → minimo
più alto → superiore → supremo
più basso → inferiore → infimo

예문 Il mio telefonino è migliore(peggiore) del tuo.
내 핸드폰이 네 것보다 더(덜) 낫다.

Lucia è la mia sorella maggiore(minore).
내 누이(여동생)이 루치아다.

Mario abita al piano superiore(inferiore).
마리오는 윗층(아래층)에 산다.

Il lavoro è in pessime(ottime) condizioni.
그 일은 최악(최상)의 조건이다.

5 절대적 최상급은 형용사 어근에 -issimo / a / i / e를 붙여 만든다.

예문 Lei è una donna bellissima. 그녀는 최고로 아름다운 여인이다.

6 상대적 최상급은 '정관사 + 명사 + più(meno) + 형용사' 혹은 '정관사+ più(meno) + 형용사 + 명사' 의 형태를 갖는다.

예문 L'Everest è il monte più alto del mondo.
L'Everest è il più alto monte del mondo.
에베레스트는 세계에서 가장 높은 산이다.

문 형

A Qual è l'università più antica in Corea?
La Songkyunkwan è l'università più antica in Corea.

B È più lungo il Danubio o il Po?
Il Danubio è più lungo del Po.

C L'Italia è meno grande della Corea?
No, l'Italia è più grande della Corea.

D Roma è grande come Seoul?
No, Roma non è tanto grande quanto Seoul.

E Studiare è più divertente che giocare?
No, studiare non è così divertente come giocare.

대 화

A　Giorgio, qual è l'università più antica dell'Europa?

B　L'università più antica dell'Europa è quella di Bologna.

A　È più grande di Milano, Bologna?

B　No, Bologna è meno grande di Milano.

A　Qual è la città più interessante in Italia per te?

B　Per me, Roma. Roma è la città più interessante in Italia. Ci sono tante cose da vedere.

A　Un giorno, andiamo insieme a vederla.

B　D'accordo.

A　Preferisci vaggiare in treno o in macchina?

B　Per me, viaggiare in macchia è più divertente che viaggiare in treno. Così possiamo vedere dei paesi piccoli, fermarci all'autogrill per prendere il caffè.

연습문제 | 다음 물음에 이탈리아어로 답하시오.

ⓐ Chi è l'uomo più ricco in Corea?

ⓑ Tokio è più grande di Parigi?

ⓒ Viaggiare in treno è più interessante che viaggiare in macchina?

ⓓ Tenere soldi in casa è più sicuro che portarli in banca?

ⓔ Milano è più importante industrialmente che bella esteticamente?

22 Mi lavo le mani.

손을 씻는다.

학습포인트 | a. 재귀동사

어휘

[동사]

alzarsi (일어나다)
asciugarsi (물기를 말리다)
chiamarsi (이름을 부르다)
farsi la barba (면도하다)
lavarsi (씻다)
pulirsi (닦다)
svegliarsi (잠이 깨다)
trovarsi (위치하다)
truccarsi (화장하다)
vestirsi (옷을 입다)
pettinarsi (머리빗다)

[명사]

acqua (물)
asciugamano (수건)
bagno (화장실)
dente (이)
metro (지하철)
policlinico (종합병원)
poltrona (소파)
stazione (역)
sveglia (자명종)

[형용사]

entrato (들어온)
meridionale (이탈리아 남부의)
settentrionale (이탈리아 북부의)
terribile (끔직한)

[부사]

normalmente (보통)
subito (곧바로)
tardi (늦게)

핵심문법

1 재귀동사는 말 그대로 행동주(Agente)의 행위가 다른 대상에게 영향을 미치지 않고 본인에게 귀속되는 동사를 이른다. 재귀동사의 형태는 보는 바와 같이 일반동사 변형 앞에 재귀대명사인 mi, ti, si, ci, vi, si를 전치시킨 형태이다.

인 칭	alzarsi	mettersi	vestirsi
io	**mi** alzo	**mi** metto	**mi** vesto
tu	**ti** alzi	**ti** metti	**ti** vesti
lui / lei / Lei	**si** alza	**si** mette	**si** veste
noi	**ci** alziamo	**ci** mettiamo	**ci** vestiamo
voi	**vi** alzate	**vi** mettete	**vi** vestite
loro / Loro	**si** alzano	**si** mettono	**si** vestono

재귀동사는 타동사의 사용과 대별된다. 예를 들어 'Mi alzo alle sei.(나는 여섯 시에 일어난다)' 와 'Faccio alzare Massimo alle sei.(나는 여섯 시에 마시모를 깨운다)' 의 사용과 대비된다. 전자의 경우는 본인의 행위가 타인에게 영향을 미치지 않은 반면, 후자에서는 '나' 의 행위가 'Massimo' 에게 영향을 주었다. 따라서 재귀동사로 쓰이는 동사의 경우에는 항상 재귀대명사가 없이 사용되는 타동사로도 쓰일 수 있음을 유의하기 바란다. 몇몇 재귀동사들을 살펴보자

svegliarsi 잠이깨다
alzarsi 일어나다
asciugarsi 물기를 닦다
truccarsi 화장하다
pulirsi 닦다
chiamarsi 불리다
mettersi ~에 있다
lavarsi 씻다
farsi la barba 면도하다
vestirsi 옷을 입다
trovarsi ~에 있다

◐ 예문 Si alza tardi la domenica.

그는 일요일에는 늦게 일어난다.

Si mette subito in poltrona appena entrato.

그는 들어오자마자 곧바로 의자에 앉는다.

Si veste bene.

그는 옷을 잘 입는다.

2 재귀동사의 명사형이나 전치사 후에 재귀동사의 원형을 쓸 경우에는 반드시 주어와의 일치를 고려해야 한다. 이 경우에는 동사 앞으로 분리되어 나왔던 재귀대명사가 마지막 모음이 삭제된 동사의 원형에 곧바로 부착된다.

Alzar**mi** alle sei del mattino, per me, è una cosa terribile.

아침 여섯 시에 일어나는 일은 내게는 힘든 일이다.

Prendo l'asciugamano **per** asciugar**mi**.

나는 물기를 닦기 위해서 수건을 집는다.

문 형

A A che ora si alza normalmente?

Mi alzo alle 6.00

B Con che cosa si sveglia?

Mi sveglio con la sveglia.

C Si lava con acqua calda o fredda?

Mi lavo con acqua calda.

D Quante volte al giorno si lava le mani?

Me le lavo tante volte.

E La Sicilia si trova nell'Italia meridionale o settentrionale?

Si trova nell'Italia meridionale.

대 화

A　A che ora ti alzi la mattina, Riccardo?

B　Di solito, mi alzo alle 7.00, ma la domenica mi alzo tardi.

A　Ti svegli da solo o con la sveglia?

B　Mi sveglio con la sveglia, ma non mi alzo subito.
Il mio bambino si alza prima di me, mi sveglia.

A　Come si chiama il tuo bambino?

B　Si chiama Roberto.

A　Che cosa fai per prima cosa la mattina?

B　Vado in bagno e mi lavo, mi faccio la barba, mi pulisco i denti, mi pettino, e mi vesto prima di colazione. Esco di casa alle 8.00

A　Dove si trova il tuo ufficio?

B　Si trova alla stazione del Policlinico. Prendo la metro per andare al lavoro.

연습문제 | 다음 물음에 이탈리아어로 답하시오.

ⓐ Come si chiama Lei?

ⓑ Si alza presto o tardi la domenica?

ⓒ Quante volte al giorno ti pulisci i denti?

ⓓ Dove si trova Lei in questo momento?

ⓔ Che cosa fa la mattina prima di uscire di casa?

Andiamo al cinema.

극장에 가자. **23**

학습포인트 | a. 명령법의 이해

어휘

[동사]

amare (사랑하다) aprire (열다)
chiedere (묻다, 요청하다) cominciare (시작하다)
dare (주다) fumare (담배피우다)
portare (가져가다) riposarsi (쉬다)
sedersi (앉다) temere (두려워하다)
tradurre (번역하다)

[명사]

attenzione (주의) favore (호의)
forza (힘) imperativo (명령법)
latte (우유) paura (두려움)
pazienza (인내) rumore (소음)
silenzio (정적) verità (진실)

[형용사]

assente (결석한) diligente (근면한)
pigro (게으른) zitto (소리없는)

[기타]

entro (~내에) fuori (밖에)
per piacere (청컨대)

핵심문법

1 이탈리아어 명령법의 형태는 다음과 같이 변형한다.

인칭	essere	avere	am-are	non amare	tem-ere	sent-ire
tu	sii	abbi	am-a	**non amare**	tem-i	sent-i
Lei	sia	abbia	am-i	**non ami**	tem-a	sent-a
noi	siamo	abbiamo	am-iamo	**non amiamo**	tem-iamo	sent-iamo
voi	siate	abbiate	am-ate	**non amate**	tem-ete	sent-ite
Loro	siano	abbiano	am-ino	**non amino**	tem-ano	sent-ano

직접명령형은 2인칭에게만 가능하므로 '너/당신' (tu/Lei), '너희들/당신들' (voi/Loro)에 해당하는 명령만이 존재한다. 2인칭 복수 명령의 형태인 존칭형은 현재 이탈리아어에서 더이상 사용하지 않는다. 우리가 우리에게 명령하는 것은 '~하자' 라고 하는 일종의 청유형제의이다. 1인칭 명령형은 없다. 또한 명령은 현재 상태에서 눈에 보이는 상대방과 관련이 있으므로 과거나 미래의 명령도 없다.

부정명령의 경우 위의 도표의 'Non amare' 의 예시에서 제시된 바와 같이 2인칭 단수 '너' 에 해당하는 변형만이 'Non + 원형동사' 로 대체된다.

많이 사용되는 몇몇 불규칙 동사의 명령법 변형을 보자.

dire : di'(dici)-dica-diciamo-dite-dicano

dare : dai(da') -dia-diamo-date-diano

andare : vai(va')-vada-andiamo-andate-vadano

fare : fai(fa')-faccia-facciamo-fate-facciano

재귀동사의 명령은 아래와 같이 변형한다. 재귀동사의 부정 명령은 non alzarsi에 예시된 바와 같이 2인칭 단수 명령인 '너'에 해당되는 것만을 'non + 재귀동사의 원형'으로 바꾸어주고 나머지는 긍정명령과 동일한 형태의 non을 전치시킨다.

인칭	alzarsi	Non alzarsi	mettersi	vestirsi	pulirsi
tu	alzati	**Non alzarti**	mettiti	vestiti	pulisciti
Lei	si alzi	**Non si alzi**	si metta	si vesta	si pulisca
noi	alziamoci	**Non alziamoci**	mettiamoci	vestiamoci	puliamoci
voi	alzatevi	**Non alzatevi**	mettitevi	vestitevi	pulitevi
Loro	si alzino	**Non si alzino**	si mettano	si vestano	si puliscano

예문 Non fare tardi! 늦지 마!

Abbi pazienza! 참아라!

Non avere paura! 두려워하지 마!

Non fumare! 담배피우지 마!

Andiamo al Colosseo! 콜로세움에 가자!

Si alzi presto domani mattina! 내일 아침 일찍 일어나세요!

2 미래동사를 사용하여 온건하게 명령할 수도 있다.

Finirai tutti questi compiti entro domani!

내일 안에 이 모든 숙제를 끝내야할 거야!

3 직접적으로 명령법 동사를 사용하지 않고 행하는 명령들도 있다.

Tradurre in inglese. 영어로 번역하시오.

Attenzione! 주의하세요!

Silenzio! 조용히 하세요!

Forza! 힘내!

Zitti! 조용히!

문 형

A

Sii diligente, Fabio!

Siate diligenti, ragazzi!

B

Non essere pigro!

Non siate pigri!

C

Va a scuola

Andate a scuola

D

Non andare a scuola

Non andate a scuola

대 화

A Buon giorno, ragazzi.

B Buon giorno

A Sedetevi.
Alberto, dimmi chi è assente oggi.

B Oggi sono assenti Leonardo e Monica

A Grazie, Alberto.
Silvia, arrivi ora? Non essere pigra.
Massimo, chiudi la finestra.
C'è troppo rumore fuori. Grazie. Adesso aprite i libri.
Allora, cominciamo la lezione di oggi.
Parlate in italiano, per piacere, non parlate in inglese.

연습문제 | 다음 문장들을 2인칭에 대한 친근체와 격식체 명령문으로 바꾸시오.

ⓐ Riposarsi, dopo cena.

ⓑ Dire la verità.

ⓒ Portare a me il giornale.

ⓓ Chiedere un favore al professore.

ⓔ Dare al bambino il latte.

---

24 Verrai domani a scuola?

내일 학교에 올거니?

학습포인트

a. 단순미래
b. 선립미래

어휘

[동사]

accendere (불을 켜다)
accompagnare (동행하다)
chiedere (요청하다)
chiudere (닫다)
decidere (결정하다)
fare (하다)
finire (끝내다)
perdere (잃어버리다)
rimanere (남다)
scoprire (발견하다)
spendere (소비하다)
trascorrere (지나가다)
uscire (나가다)
venire (오다)
visitare (방문하다)

[명사]

laurea (대학졸업)
museo (박물관)
previsione (예견)
pulizie (청소)
sindaco (시장)
tesi (논문)

[형용사]

acceso (불켜진)
chiesto (요청한)
chiuso (닫힌)
deciso (결정된)
occupato (바쁜)
perso (잃어버린)
possibile (가능한)
rimasto (남은)
scoperto (발견된)
speso (소비된)

[기타]

come (~로서)
perciò (그러므로, 따라서)

핵심문법

1 미래 시제는 단순 미래와 선립 미래로 나누어 볼 수 있다. 단순 미래와 달리 선립미래는 미래의 두 가지 행위 사이에 시차가 있을 경우에 사용한다.

규칙동사의 단순미래

인 칭	amare	scrivere	partire
io	am-erò	scriv-erò	part-irò
tu	am-erai	scriv-erai	part-irai
lui/lei/Lei	am-erà	scriv-erà	part-irà
noi	am-eremo	scriv-eremo	part-iremo
voi	am-erete	scriv-erete	part-irete
loro/Loro	am-eranno	scriv-eranno	part-iranno

불규칙 동사의 단순미래

essere	sa~	-rò -rai -rà -remo -rete -ranno
avere	av~	
dovere	dov~	
volere	vor~	
potere	pot~	
andare	and~	
venire	ver~	
dare	da~	
stare	sta~	
dire	di~	
vedere	ved~	

단순 미래는 단순히 미래에 일어날 행위, 명령, 불명확함을 표현하는데 쓰인다.

예문 Domani verrà la mia amica da Busan.

내일 부산에서 내 친구가 올 것이다.

Ora farai il compito e perciò non uscirai!

이제 넌 숙제를 할 것이고 밖엔 못 나갈거야!

Saranno le dieci.

10시쯤 일거다.

하지만 미래에 일어날 일이라는 것을 상황이나 문맥 속에서 알 수 있다면 미래동사 대신에 현재형을 써도 된다.

예문 Quando viene la mamma? 엄마 언제 오시지?

Viene alle 5. 5시에 오셔.

2 선립미래

종속절	주 절
essere의 단순미래 + 과거분사	단순미래
avere의 단순미래 + 과거분사	

'Essere, 또는 Avere동사의 단순 미래형 + 과거분사' 로 표현된 종속절의 시제가 시간상으로 주절을 선행한다.

과거분사는 규칙 동사의 경우에 -are → -ato, -ere → -uto, -ire → -ito 의 형태를 취한다. 불규칙 동사의 경우에는 그 형태가 다양하므로 따로 암기하여야 한다. 예를 들어

decidere → deciso, chiudere → chiuso, fare → fatto, prendere → preso, perdere → perso, mettere → messo, spendere → speso, scrivere → scritto, chiedere → chiesto, spegnere → spento, accendere → acceso, dire → detto, trascorrere → trascorso, bere → bevuto, rimanere → rimasto, essere → stato, aprire → aperto, scoprire → scoperto, leggere → letto 등의 형태를 취한다.

사용해야 할 미래동사가 자동사인 경우 (즉, 목적어를 필요로 하지 않는 경우) 'essere의 단순미래형 + 과거분사' 의 형태를 취하고, 타동사인 경우 (즉, 목적어를 필요로 하는 경우) 'avere의 단순미래형 + 과거분사' 의 형태를 취한다. 단, avere 동사와 결합하는 과거분사는 기본적으로 늘 변화하지 않는 어미(-o)를 갖게 되지만 essere 동사와 결합하는 과거분사는 주어의 성과 수에 따라 어미가 항상 변화한다.

◎ 예

(남/여) avrò telefonato (남/여) avremo telefonato

(남/여) sarò arrivato/a (남/여) saremo arrivati/e

◎ 예문

Dopo che avrò finito le pulizie, andrò fuori.

청소 끝나고 나서, 밖으로 나갈 것이다.

Dopo che avremo mangiato, andremo a vedere il Colosseo.

우리는 식사가 끝나고 나서 콜로세움 보러갈 것이다.

Quando avrò capito la grammatica, parlerò sicuramente bene l'italiano.

문법을 먼저 이해하고 나면 확실히 이탈리아어를 잘 말하게 될 것이다.

문 형

A

Tra un anno, parlerai bene l'italiano?

Sì, lo parlerò bene sicuramante.

B

Quando finirà questa tesi?

La finirò il più presto possibile.

C

Quando avrai mangiato la pizza, cosa farai?

Andrò a vedere un film.

D

Farà bel tempo domani?

No, pioverà.

대화

A Che cosa farà martedì prossimo?

B Andrò a Roma.

A Vedrà Clara?

B No, sarò molto occupato.

A Che cosa deve fare a Roma?

B Quando avrò visitato il museo la mattina, andrò a incontrare il sindaco di Roma.

A Chi l'accompagnerà?

B Mi accompagnerà Claudia.

A Che tempo farà martedì prossimo?

B Secondo le previsioni del tempo, farà bel tempo.

연습문제 | 다음 물음에 이탈리아어로 답하시오.

ⓐ Si alzerà presto o tardi domani?

ⓑ Dove andrà dopo cena stasera?

ⓒ L'estate prossima, dove andrà in vacanza?

ⓓ Dopo la laurea, che cosa farà?

ⓔ Quando sarete arrivati a Venezia, che cosa farete come prima cosa?

---

25 Che giorno era ieri?
어제가 무슨 요일이었지?

학습포인트 | a. 반과거의 형태와 용법

어휘

[형용사]
biondo (금발의) elegante (우아한)
giovane (젊은) piccolo (작은, 어린)

[명사]
abito (양복) adorazione (찬미)
biblioteca (도서관) camicia (셔츠)
cotone (면) fame (배고픔)
ieri (어제) mare (바다)
passato (과거) periodo (시기)
stanza (방)

[동사]
bere (마시다) cercare (찾다)
dormire (자다) guardare (바라보다)
vestirsi (옷을 입다) restare (남다)
telefonare (전화하다) portare (옷을 입다)

[기타]
mentre (~하는 동안)

핵심문법

1 비완료과거인 반과거는 다음 과에서 다루어질 완료과거인 근과거와 달리 과거의 지속적이고 반복적인 행위나 상태를 표현한다. 근과거가 '~했다' 의 표현이라고 한다면 비완료과거는 '~하고 있었다' 정도의 표현이다. 따라서 '~하고 있는 동안' 혹은 '~한 시기에' 같이 시점을 정해주는 표현과 함께 등장할 경우가 많다.

인 칭	essere	avere	cerc-are	legg-ere	dorm-ire
io	ero	avevo	cerc-avo	legg-evo	dorm-ivo
tu	eri	avevi	cerc-avi	legg-evi	dorm-ivi
lui/lei/Lei	era	aveva	cerc-ava	legg-eva	dorm-iva
noi	eravamo	avevamo	cerc-avamo	legg-evamo	dorm-ivamo
voi	eravate	avevate	cerc-avate	legg-evate	dorm-ivate
loro/Loro	erano	avevano	cerc-avano	legg-evano	dorm-ivano

반과거는 과거의 지속적인 행위, 과거의 반복적 행위, 과거의 병렬적 행위 등을 묘사하는데 쓰인다.

◐ 예문 Eravamo ricchi quando ero piccolo.
내가 어렸을 때 우린 부자이었었다.
Durante le vacanze, andavo spesso al mare.
방학 동안 난 종종 바다에 가곤 하였다.
Bevevo e mangiavo in quel periodo
그 당시 먹고 마시곤 하였다.

2 비완료과거의 몇 가지 불규칙변형을 살펴보자.

fare : facevo - facevi - faceva - facevamo - facevate - facevano
dire : dicevo - dicevi - diceva - dicevamo - dicevate - dicevano
bere : bevevo - bevevi - beveva - bevevamo - bevevate - bevevano

다음 과에서 다룰 완료과거와 이번 과에서 다루고 있는 비완료과거의 차이는 다음과 같이 구별된다.

예문 Volevo fare una vacanza. (ma non sono andato in vacanza.)
나는 휴가를 가고 싶었다. (하지만 못 갔다.)

Ho voluto fare una vacanza. (perciò sono andato in vacanza.)
나는 휴가를 가고 싶었다. (그래서 갔다.)

Quando Mario mi ha telefonato, dormivo ancora.
마리오가 내게 전화했을 때 난 아직 자고 있었다.
(전화건 것 = 완료, 잠자고 있었던 것=비완료)

문 형

A Quando era piccolo, come era?

Aveva sempre fame.

B Che cosa facevi mentre guardavo la tv?

Studiavo nella mia stanza.

C Quando andavi a scuola, come ti vestivi?

Portavo sempre abiti eleganti.

D Dov'eri ieri sera?

Ero in biblioteca.

대 화

A Dove abitava Riccardo quando era giovane?

B Abitava a Roma.

A Era un bel ragazzo?

B Sì, era un bel ragazzo. Aveva sempre i capelli corti e portava sempre delle camicie bianche di cotone.

A Lo vedeva spesso?

B Sì, lo incontravo quasi tutti i giorni all'università, restavo a guardarlo in adorazione mentre parlava con i suoi amici.

연습문제 | 다음 물음에 이탈리아어로 답하시오.

ⓐ Che giorno era ieri?

ⓑ Che cosa facevi quando il professore è entrato nella classe?

ⓒ Quando eri giovane, cosa volevi diventare?

ⓓ Che tipo di bambino era Lei nel passato?

ⓔ Andava spesso al mare durante le vacanze?

Ho studiato l'italiano. 26

이탈리아어 공부 했어요.

학습포인트

a. 근과거의 두 가지 형태

b. 불규칙 과거분사의 형태

어휘

[동사]

arrivare (도착하다)
chiedere (묻다, 요청하다)
dire (말하다)
divertirsi (재미있게 놀다)
dormire (잠자다)
partire (출발하다)
provare (시도하다)
stressarsi (스트레스 받다)
svegliarsi (잠에서 깨다)
uscire (나가다)
vincere (이기다, 승리하다)

[명사]

centro (도심, 시내)
esame (시험)
cornetto (코르넷토 빵)
concorso (시험)
stanotte (어젯밤, 오늘밤)

[형용사]

stanco (피곤한)

핵심문법

1 직설법 근과거는 주관적으로 가깝다고 생각되어지는 완료과거로서 비완료 과거와 대비된다. 근과거의 형태는 다음과 같다.

essere 동사의 직설법 현재 + 과거분사					
sono			siamo		
sei	+	andat**o/a** al mare	siete	+	andat**i/e** al mare
è			sono		

avere 동사의 직설법 현재 + 과거분사		
ho		
hai		
ha		
abbiamo	+	studiat**o** l'italiano
avete		
hanno		

essersi 동사의 현재 + 과거분사					
mi sono			ci siamo		
ti sei	+	alzato/a alle sei	vi siete	+	alzati/e alle sei
si è			si sono		

자동사일 경우에는 'essere 동사의 직설법 현재 +과거분사' 의 형태를, 타동사일 경우에는 'avere 동사의 직설법 현재 + 과거분사' 의 형태를, 재귀동사일 경우에는 '재귀대명사 + essere 동사의 직설법 현재 + 과거분사' 의 형태를 취한다.

과거분사는 규칙 동사의 경우에 **-are → -ato, -ere → -uto, -ire → -ito 의 형태**를 취한다. 불규칙 동사의 경우에는 그 형태가 다양하므로 따로 암기하여야 한다. 예를 들어 decidere → deciso, chiudere → chiuso, fare → fatto, prendere → preso, perdere → perso, mettere → messo, spendere → speso, scrivere → scritto, chiedere → chiesto, spegnere → spento, accendere → acceso, dire → detto, trascorrere → trascorso, bere → bevuto, rimanere → rimasto, essere → stato, aprire → aperto, scoprire → scoperto, leggere → letto 등의 형태를 취한다.

2 모든 동사는 그 자체가 가지고 있는 의미적 자질에 따라 자동사 내지는 타동사로 구분되는데 자동사일 경우에는 'essere의 현재형 + 과거분사', 타동사일 경우에는 'avere의 현재형 + 과거분사' 의 결합형태를 갖는다. 선립미래의 형태에서 보았던 것과 마찬가지로 essere와 결합하는 과거분사의 어미는 주어의 성, 수를 반영해야하지만 avere 동사와 결합하는 과거분사의 어미는 기본적으로 언제나 '-o' 의 형태를 갖는다. (그러나 앞으로 보게 될 '직접목적대명사 + 근과거' 의 형태가 될 경우 avere와 결합하는 과거분사의 어미는 변화한다). '재귀대명사 + essere의 현재형 + 과거분사' 의 형태를 갖는 재귀동사의 경우는 그 형태에서 알 수 있듯이 과거분사의 어미가 자동사의 경우와 마찬가지로 언제나 주어의 성, 수에 일치되어야 한다.

예문 Siamo stati a Roma per quattro anni.
우리는 4년 동안 로마에 있었다

Siu è arrivata a Milano alle tre del pomeriggio.
시우는 오후 세 시에 밀라노에 도착했다

Ha chiesto un favore a una donna.
그는 한 여인에게 부탁을 했다

Ci siamo divertiti molto.
우리는 매우 재밌게 놀았다

Si è stressata per l'esame.
그녀는 시험 때문에 스트레스 받았다.

주 의 이탈리아어의 직설법 과거시제에는 반과거, 근과거, 원과거, 대과거, 선립과거가 있으나 본서에서는 일상회화에 필요한 반과거와 근과거만을 다루기로 하겠다. 보다 심도 깊은 학습이 필요하신 독자께서는 여타의 문법서를 참고하시기 바란다.

문 형

A Dove sei andata ieri?
Sono andata al cinema.

B Quando siete arrivati a Roma?
Siamo arrivati a Roma il 12 gennaio.

C A che ora ti sei svegliata stamattina?
Mi sono svegliata prestissimo.

D È uscita domenica scorsa?
Sì, sono andata in centro a fare shopping.

E Hai dormito bene stanotte?
Sì, ho dormito bene.

대 화

A Hai fatto colazione?

B Sì, ho preso un succo d'arancia con un cornetto.

A A che ora sei partito di casa?

B Sono uscito alle 8. 20.

A Ti vedo un po' stanco. Come mai?

B Ho dormito poco. Ho studiato fino alle 2.00 per l'esame.

A Ho provato l'esame l'anno scorso, ma era molto difficile.

B Dunque, ieri ho visto Silvia in centro.

A Davvero? Da quanto tempo non ci siamo visti! Cosa fa adesso?

B Mi ha detto che ha vinto il concorso e lavorerà in una banca dal prossimo mese.

연습문제 | 다음 물음에 이탈리아어로 답하시오.

ⓐ A che ora ti sei alzato stamattina?

ⓑ Hai bevuto tanto ieri?

ⓒ Quando ti sei innamorato per la prima volta nella tua vita?

ⓓ Non sei mai stato in Italia?

ⓔ Che cosa hai fatto ieri?

---

27 Ho dovuto lavorare.

일해야만 했어요.

학습포인트 | a. 조동사의 근과거

어휘

[동사]

arrabbiarsi (화나다)
bere (마시다)
calmarsi (진정하다)
cambiare (바꾸다)
finire (끝내다)
lavarsi (씻다, 닦다)
pagare (지불하다)
ricevere (받다)
rimanere (남다)
venire (오다)

[명사]

acqua (물)
birra (맥주)
dottore (의사)
inizio (시작, 처음)
marito (남편)
occasione (기회)
programma (계획)
relazione (보고서)
tassa (세금)
telefonata (전화한통)

[형용사]

estivo (여름의)
freddo (차가운)
perso (perdere '잃어버리다' 동사의 과거분사)
successo (succedere '~일이 일어나다' 동사의 과거분사)

[부사]

alla fine (결국)
all'estero (외국에)
da solo (혼자서, 스스로)
dopo un po' (잠시 후)
in fretta (서둘러)
in orario (제 시간에)
in tempo (제 시간에)
volentieri (기꺼이)

핵심문법

1 타동사의 경우는 avere + dovuto (potuto, voluto) + 동사의 원형 형태로 근과거를 만든다.

예문 Ho dovuto pagare le tasse l'anno scorso.
작년에 세금을 내야만 했다.

Ho potuto studiare questa settimana.
이번 주 공부할 수 있었다.

Ho voluto bere la birra.
맥주 마시고 싶었다.

2 자동사의 경우는 essere + dovuto / i / a / e (potuto / i / a /e, voluto / i / a / e) + 동사의 원형 형태로 근과거를 만든다.

예문 È dovuto andare dal dottore.
그는 병원에 가야했다.

Sono potuti venire in orario.
그들은 제 시간에 올 수 있었다.

I vostri amici sono voluti andare al cinema da soli.
네 친구들이 자기네끼리만 극장에 가고 싶어했다.

문 형

A Ha potuto finire la relazione stanotte?

Sì, ho potuto finirla.

B Ha dovuto cambiare i soldi per andare all'estero?

Sì, ho dovuto cambiarli.

C Sei potuta venire in tempo?

Sì, sono potuta venire in tempo.

D Ti sei potuto lavare con l'acqua fredda?

Sì, mi sono potuto lavare con l'acqua fredda.

E Hai potuto lavarti con l'acqua fredda?

Sì, ho potuto farlo.

대화

A Signora Alberti, siete potuti andare al cinema ieri sera?

B No, non siamo potuti andarci.

A Che è successo?

B Cinque minuti prima di uscire, ho ricevuto una telefonata da un'amica mia. Ho dovuto parlare con lei per più di venti minuti, e così ho perso l'occasione. Mio marito si è molto arrabbiato all'inizio, ma dopo un po' si è calmato.

A Peccato! Cosa avete fatto alla fine?

B Abbiamo dovuto cambiare il programma e siamo dovuti rimanere a casa. Abbiamo visto un film alla tv.

연습문제 | 다음 물음에 이탈리아어로 답하시오.

ⓐ Suo figlio ha voluto fare i compiti ieri?

ⓑ Sei potuta andare al mare durante le vacanze estive?

ⓒ Ha dovuto fare in fretta per prendere l'autobus?

ⓓ Ha dovuto studiare molto per entrare alla nostra università?

ⓔ I Suoi figli sono voluti andare a mangiare fuori?

---

28 Li ho dati a Silvia.

실비아에게 그것을 주었다.

학습포인트 | a. 이중대명사와 근과거 과거분사의 어미

어휘

[동사]

cambiare (바꾸다)
chiedere (묻다)
comunicare (알려주다)
correggere (교정하다)
dimenticare (잊어버리다)
indicare (가르키다)
mandare (보내다)
mostrare (보여주다)
offrire (제공하다)
preparare (준비하다)
prestare (빌려주다)
salutare (인사하다)
spiegare (설명하다)
tagliare (자르다)

[명사]

chiave (열쇠)
doganiere (세관원)
esercizio (연습문제)
lettera (편지)
orologio (시계)
teatro (극장)
valigia (짐꾸러미)

핵심문법

1 타동사의 근과거는 avere + 과거분사의 형태로서, 이 구문을 이루는 주어의 성과 수는 기본적으로 과거분사의 어미에 영향을 미치지 않음을 보았다. 이는 자동사의 근과거 구문에서 주어의 성과 수가 과거분사의 어미에 영향을 미치는 것과 대비된다.

예문 Abbiamo mangiato la pizza. 우리는 피자를 먹었다.
Siamo arrivati in pizzeria 우리는 피자집에 도착했다.

기본적으로 타동사의 근과거는 (형태가 -o인) 불변의 과거분사를 가지는 것으로 설명했지만 직접목적대명사가 개입했을 경우에는 avere와 결합하는 과거분사의 어미도 변화한다. 즉, 직접목적대명사(lo, la, li, le, ne)의 성, 수 정보는 avere와 결합하는 과거분사의 어미에 영향을 준다. 반면 간접목적대명사는 과거분사의 어미에 영향을 주지 않는다.

예문 Ho dato **i fiori a Silvia.**
나는 실비아에게 꽃을 주었다.

Li ho dat**i** a Silvia.
Le ho dat**o** i fiori.
Glieli ho dat**i**.

Abbiamo mandato **una lettera a Paolo.**
우리는 파올로에게 편지를 보냈다.

La abbiamo mandata a Paolo.(=**L**'abbiamo mandat**a** a Paolo)
Gli abbiamo mandato una lettera.
Gliela abbiamo mandata. (=**Gliel**'abbiamo mandat**a**)

다음 문장들을 살펴보고 그 메커니즘을 이해하기 바란다.

Volevo salutare Maria → La volevo salutare.(=Volevo salutarla)

Ho detto a Giorgia... → Le ho detto...

Abbiamo offerto due birre a Vincenzo. → Gliele abbiamo offerte.

Quanti fiori hai dato a Silvia?
Gliene ho dati due./ Gliene ho dato uno.

Quante lettere hai mandato a Paolo?
Gliene ho mandata una / Gliene ho mandate due.

문 형

A Marco Le ha mostrato la Parker?

Sì, me l'ha mostrata.

B Marco ti ha prestato un ombrello?

Sì, me l'ha prestato.

C Chi ti ha corretto gli esercizi?

Me li ha corretti Monica.

D Avete preparato il caffè agli amici?

Sì, gliel'abbiamo preparato.

대 화

A　Hai dato il passaporto al doganiere?

B　No, non gliel'ho dato, perché non me l'ha chiesto.

A　Gli hai mostrato la tua valigia?

B　No, non gliel'ho mostrata.

A　Ti ha spiegato la lezione?

B　Sì, me l'ha spiegata.

A　Ti ha spiegato anche gli esercizi?

B　No, non me li ha spiegati.

A　Vi hanno indicato la strada per il teatro?

B　Sì, ce l'hanno indicata.

A　L'avete indicata ai vostri amici?

B　Sì, gliel'abbiamo indicata.

연습문제 | 다음 물음에 이탈리아어로 답하시오.

ⓐ Ha comunicato agli amici il nuovo numero di telefono?

ⓑ Ha portato le chiavi di casa?

ⓒ Non hai dimenticato di portare le chiavi di casa?

ⓓ Hai regalato un orologio al tuo papà?

ⓔ Vi siete tagliati i capelli?

---

29 In Sicilia fa sempre caldo?

시칠리아는 늘 더운가요?

학습포인트

a. 부사의 종류
b. 부사의 위치

어휘 [부사]

abbastanza (어느정도)
adesso (지금)
affatto (전혀)
allora (그 당시)
almeno (적어도)
altrove (다른 곳에)
ancora (아직)
appena (막)
assai (대단히)
brevemente (간단하게)
dappertutto (사방에)
davanti (앞에)
dentro (안에)
dietro (뒤에)
domani (내일)
dopo (후에)
dopodomani (모레, 모레에)
dovunque/ovunque (어디든)
facilmente (쉽게)
finora (지금까지)
forse (아마도)
fortemente (강하게)
fuori (밖에)
già (이미)
giù (아래에)
ieri (어제)
intorno (주변에)
laggiù (저 아래에)
mai (결코)
molto (매우)
niente (아무것도)
nulla (아무것도)
oggi (오늘, 오늘날)
ora (지금, 이제)
ormai/oramai (이미)
parecchio (상당히)
particolarmente (특별하게)
poco (조금)

poi (그 다음) presso (~내)
presto (빨리) prima (먼저)
qualche volta (때때로) quasi (거의)
quassù (여기 위에) qui/lì', qua/là (여기/저기)
raramente (드물게) sempre (늘)
sicuramente (확실히) solo (단지)
sopra (위에) sotto (아래에)
spesso/sovente (종종) su (위에)
subito (곧바로) talvolta (때로)
tanto (많이) tardi (늦게)
troppo (너무) veramente (정말로)

[형용사] breve (짧은) chiaro (명확한)
facile (쉬운) forte (강한)
lontano (먼) particolare (특별한)
sicuro (확실한) vero (진실의)
vicino (가까운)

[명사] autostrada (고속도로) campagna (전원)
difficoltà (어려움) economia (경제)
letto (침대) lingua standard (표준어)
maniera (방법) modo (방식)
stagione (계절)

[동사] abitare (거주하다) comunicare (의사소통하다)
correre (달리다) guidare (운전하다)
nevicare (눈이오다) sposarsi (결혼하다)
svilupparsi (성장하다, 발전하다)

핵심문법

1 부사는 문장 구성의 부차적인 요소이지만 행동의 의미를 정확히 해주는 역할을 하며 동사가 표현하는 것을 더 세밀하게 설명하는 역할을 한다.

장소부사

qui/li', qua/là, dentro, sopra, sotto, fuori, davanti, dietro, presso, vicino, lontano, altrove, intorno, dovunque/ovunque, su, giù, dappertutto, laggiù, quassù 등

시간부사

oggi, ieri, domani, dopodomani, adesso, ora, allora, finora, talvolta, sempre, prima, dopo, poi, mai, ormai/oramai, già, presto, tardi, spesso/sovente, subito, ancora, qualche volta appena 등

양태부사 (형용사 + mente = in modo 형용사 = in maniera 형용사)

-o가 기본형인 형용사 : ver**o** → ver**a**mente, sicur**o** → sicur**a**mente

-e가 기본형인 형용사 : brev**e** → brev**e**mente, fort**e** → fort**e**mente

-le형과 -re형 형용사 : faci**le** → faci**l**mente, particola**re** → particola**r**mente

sicuramente = in modo sicuro = in maniera sicura

수량부사

molto, tanto, abbastanza, poco, troppo, parecchio, assai, quasi, affatto, almeno, niente, nulla, solo 등

평가 및 의심을 나타내는 부사

sì (certo, già, appunto, proprio, davvero), no! (긍정과 부정의 표현)
forse, magari (불확실성의 표현)

기타 부사표현

da queste parti (여기에)
di tanto in tanto (때때로)
fra poco (잠시 후에)
a mani vuote (빈손으로)
parlare chiaro (명확하게 말하다)
da nessuna parte (아무데도)
ad un tratto (갑자기)
di notte (밤에)
in abbondanza (풍성하게)
costare caro (값이 비싸다) 등

2 부사는 말 그대로 부수적인 요소로서 문장 내에서 필수적인 역할을 하지는 않지만 정보를 보다 정확하고 풍부하게 해주는 역할을 하며 이탈리아어 문장 내에서 그 위치가 자유롭다. 하지만 부사가 언급하는 동사 근처에 두는 것이 일반적이다. 부사구인 경우에는 그 위치가 고정되지 않으므로 문장의 여러 곳에 위치할 수 있다.

예문 Io parlo **bene** l'italiano.나는 이탈리아어를 잘 한다.

Negli ultimi dieci anni, l'economia della Cina si è sviluppata **notevolmente**.

L'economia della Cina, **negli ultimi dieci anni**, si è sviluppata **notevolmente**.

L'economia della Cina si è sviluppata **notevolmente negli ultimi dieci anni**.

지난 10년간 중국의 경제가 괄목할 만하게 성장했다.

문 형

A Dove sono i libri?
Sono lì accanto a te.

B Guidi velocemente o lentamente?
Guido lentamente.

C Come parla il professore?
Parla in maniera chiara.

D Vai a letto presto o tardi?
Vado a letto tardi.

E Non era Silvia quella là?
Forse sì.

대 화

A Sei mai stata in Sicila?

B Sì, ci sono stata una volta.

A In Sicilia fa sempre caldo?

B Quasi sempre fa caldo, ma non sempre.

A Nevica mai in Sicilia?

B Sì, d'inverno, ma raramente. Durante le altre stagioni non nevica mai.

A Come sei andata in Sicilia?

B Sono andata in macchina.
Ho preso l'autostrada da Roma fino a Napoli.
In autostrada gli italiani corrono.
Guidavo prudentemente per la paura.

A Parli già perfettamente l'italiano.
Dove l'hai imparato?

B L'ho imparato in una scuola di lingua.

A Non avevi difficoltà a comunicare con i siciliani?

B No, mi parlavano in modo chiaro.
Ormai tutti gli italiani parlano una lingua standard, no?

연습문제 | 다음 물음에 이탈리아어로 답하시오.

ⓐ Lei abita in città o in campagna?

ⓑ Si sposerà presto o tardi?

ⓒ Come giuda Lei?

ⓓ Ha studiato tanto l'italiano?

ⓔ Sa che ore sono adesso?

Cosa stai facendo?

무얼하고 있니?

30

학습포인트

a. 제룬디오의 용법과 사용
b. 현재분사의 용법과 사용
c. 과거분사의 용법과 사용

어휘

[동사]

andare (가다)
bere (마시다)
cadere (넘어지다)
chiacchierare (잡담하다)
colpire (치다, 격파하다)
fare (하다)
finire (끝내다)
guardare (보다)
imparare (배우다)
pensare (생각하다)
perdere (잃어버리다)
sbagliare (틀리다, 실수하다)
tornare (돌아오다)
trasmettere (전송하다)
uscire (나가다)
trovare (발견하다)
venire (오다)

[명사]

birra (맥주)
cantante (가수)
commerciante (상인)
concorrente (경쟁자)
esercizio (연습)
gelato (아이스크림)
giocatori partecipanti (참가선수)
insegnante (선생)
inviato (파견인)
laureato (대학 졸업자)
mensa (학교식당)
partecipante (참가자)
partita (시합, 경기)
paziente (환자)
pazienza (인내)
regalo (선물)
squadra vincente (승리팀)
terrorista (테러리스트)
torre (탑)
vino (포도주)
vongola (조개)

[형용사]	arrivato (도착한)	bevuto (마신)
	colpito (타격을 입은)	cucinato (요리된)
	divertente (재밌는)	importante (중요한)
	interessante (흥미로운)	trasmesso (전송된)
	trasparente (투명한)	venuto (~로부터 온)

핵심문법

1 제룬디오

형태 : -are → -ando

-ere → -endo

-ire → -endo

제룬디오는 먼저 ~ando, ~endo의 단독 형태로써 '~하면서, ~함으로써' 의 의미로 사용된다. 제룬디오는 현재와 과거 두 시제로 사용된다.

예문 Lui mangia sempre parlando.

그는 늘 말하면서 식사한다

S'impara sbagliando.

실수함으로써 배운다

Avendo pensato a lungo, ha deciso di partire.

그는 오랫동안 생각한 끝에 떠나기로 결정했다.

Essendo tornato tardi, ha perso l'occasione di vedere la partita.

그는 늦게 돌아옴으로써 경기를 볼 기회를 잃어버렸다.

다음으로 Stare + 제룬디오는 '~하는 중이다'의 의미로 사용된다.

예문 Sta imparando l'italiano.
그(녀)는 이탈리아어를 배우는 중이다.

Stanno preparando gli spaghetti alle vongole.
그들은 조개스파겟티를 만들고 있는 중이다.

Stare per + 원형동사('막 ~하려하다')의 구문과 혼동하지 말아야 한다.

예문 Lui stava per cadere. 그는 넘어질 뻔 했다.

2 현재분사

형태 : -are → -ante
-ere → -ente
-ire → -ente

현재분사는 양성명사로 어휘화된 경우가 많다.

예 cantante (가수) insegnante (선생님) concorrente (경쟁자)
partecipante (참가자) commerciante (상인)

현재분사는 또한 형용사로 어휘화되기도 한다.

예 divertente (재밌는), importante (중요한) trasparente (투명한)
interessante (흥미로운)

형용사의 기능으로 사용되기도 하지만 이미 어휘화 되어있다.

◐ 예 squadra vincente (승리팀) giocatori partecipanti (참가선수)

3 과거분사

형태 : -are → -ato
-ere → -uto
-ire → -ito

과거분사는 essere, avere와 합쳐 복합시제를 구성하는데 쓰인다.

◐ 예 Ho studiato, l'italiano. 난 이탈리아어를 공부했다.
Siamo andati al mare. 우리는 바다에 갔다.

명사로 어휘화된 경우들도 있다.

◐ 예 laureato (대학 졸업자) gelato (아이스크림) inviato (파견인)

과거분사의 중요한 용도는 형용사로 기능한다는 점이다.

◐ 예 Le torri colpite dai terroristi erano in America.
테러리스트들에 의해 무너진 탑은 미국에 있었다.

문 형

A

Che cosa stai facendo?

Sto studiando.

B

Mangi leggendo il giornale?

No, Mangio guardando la tv.

C

Stavi per uscire?

Sì, stavo per uscire proprio adesso.

D

Qual è il regalo arrivato dall'Italia?

È un vino italiano.

대 화

A Siu, che stai facendo?

B Stavo pensando proprio a te.
Ho finito il lavoro proprio adesso.
Stavo per uscire.

A Come va il tuo italiano?

B Così, così.
Oggi, ho sbagliato molto facendo gli esercizi con il mio insegnate.

A Pazienza! S'impara sbagliando.
Che cosa hai fatto ieri sera?
Sei uscita con il tuo amico venuto a trovarti da Milano?

B Sì, abbiamo bevuto birra fino a tardi chiaccherando.
Essendo tornati tardi, abbiamo perso la partita trasmessa dalla tv.

연습문제 | 다음 물음에 이탈리아어로 답하시오.

ⓐ Che cosa stavi facendo?

ⓑ Tu parli molto mangiando?

ⓒ Dove sono le torri colpite dai terroristi di recente?

ⓓ Che cosa state facendo?

ⓔ Com'è la pasta cucinata alla mensa?

La giacca che ho comprato ieri è molto bella.

어제 산 쟈켓 무척 예쁘다.

31

학습포인트

a. 관계대명사 che
b. 관계대명사 quale

어휘

[동사]

bere (마시다)
chiamarsi (자신을 부르다)
cominciare (시작하다)
comprare (사다)
incontrare (만나다)
ricordare (기억하다)
riguardare (다시보다)
ripetere (반복하다)
significare (의미하다)
sorridere (웃다)
spiegare (설명하다)

[명사]

alcool (술)
birra (맥주)
compleanno (생일)
dati (자료)
fidanzata (약혼녀)
film (영화)
fiorentini (피렌체인들)
giacca (쟈켓)
grammatica (문법)
indirizzo (주소)
mercato (시장)
motivo (이유)
negozio (상점)
panino (빠니노)
poverino (가련한 남자)
pronome relativo (관계대명사)
scarpe (구두)
stilista (디자이너)

[형용사]

ammalato (병난)
antipatico (정안가는)
assente (결석한)
bravo (훌륭한)
interessante (재미있는)
personale (개인적인)
simpatico (호감가는)

핵심문법

관계대명사는 두개의 문장을 하나로 연결하는데 필요한 요소이다. 두 문장을 하나로 연결하려면 두 문장의 공통되는 요소가 존재하기 마련인데 그것을 우리는 선행사라 부른다. 즉, 두 문장의 공통요소는 선행사가 되며 이 선행사는 관계대명사 앞에 출현한다. 이탈리아어에는 크게 네 가지 종류의 관계대명사가 있다. 이 가운데 가장 일반적인 두 가지 관계대명사에 대해 살펴보기로 하자.

1 che

이탈리아어의 관계대명사 중에서 가장 일반적으로 많이 사용되는 것으로서 주격 및 목적격 관계대명사로만 쓰인다. 주격 관계대명사는 종속절의 문장에서 주어 위치에 있던 요소가 선행사로 추출될 때 사용되고 목적격 관계대명사는 종속절의 문장에서 목적어 위치에 있던 요소가 선행사로 추출될 때 사용된다. 관계대명사 che는 전치사 혹은 정관사와 같은 요소와 결합하여 사용할 수 없으며, 항상 단독으로 출현한다.

○ 예문 La ragazza che è venuta da Bologna è molto bella. (주격 관계대명사)
볼로냐에서 온 여자애 정말 예쁘다.

La giacca che ho comprato ieri è molto bella. (목적격 관계대명사)
어제 산 자켓 무척 예쁘다.

관계대명사 che는 종속절의 주어 내지는 목적어만을 선행사로 취한다는 점에 유의해야 한다. 이는 종속절의 주어 내지 목적어만이 선행사로 추출된다는 것을 의미한다. 경우에 따라서는 선행사를 'ciò che', 'quello che'의 형태로 사용하기도 한다. 또한 관계대명사 che는 전치사를 동반하여 사용될 수 없으며 언제나 단독으로 사용된다는 점도 알아두어야 한다. 경우에 따라서는 'il che'의 형태가 쓰이기도 하는데 이는 앞 문장 전체를 언급할 때 사용된다.

예문 Il panino che ho mangiato ieri era buonissimo.

어제 먹은 파니노 정말 맛있었다.

Il ragazzo che mi hai presentato l'altro ieri è molto bravo.

그저께 내게 소개했던 그 애 정말 괜찮은 아이다.

Capisco ciò che(=quello che) lui ha spiegato.

그가 설명한 것을 이해한다.

Il ragazzo sorrideva, il che significa che ha vinto il concorso.

그 애가 웃고 있던데 그것은 시험에 패스했다는 뜻이야.

그러나 현대 이탈리아어 구어체에서는 che의 사용법이 크게 확대되고 있다.

예문 Il cassetto che (in cui) ho messo la matita è il primo.

연필 넣어둔 서랍은 첫 번째야.

Riposati un po' che sarai stanco.

피곤할테니 좀 쉬어.

2 quale, quali

관계대명사 quale는 관계대명사 che앞의 선행사를 명시적으로 표현할 필요가 있는 경우 '정관사 + qulae(i)' 의 형태로 사용될 수 있다. Che에 비해 선행사의 성, 수 정보를 보다 정확하게 표현할 수 있다. 관계대명사 quale의 또 다른 형태는 '전치사 + 정관사 + quale(i)' 이다. 이는 관계대명사 che가 단독으로만 사용되기 때문에 전치사의 문제를 처리하기 위한 도구이다. 관계대명사 quale는 선행사의 성, 수에 따라 il quale(남성단수), la quale(여성단수), i quali(남성복수), le quali(여성복수)로 변화된다.

◆ 예문 Il figlio della signora Martini, **il quale(=che)** ho visto in biblioteca si chiama Fabio.

도서관에서 본 마르티니 부인의 아들 이름은 파비오다.

La ragazza **con la quale** sono uscita si chiama Silvia.

내가 함께 외출했던 그 애는 실비아다.

관계대명사 quale(i)는 선행사의 성, 수에 따라 그 형태가 변화함에 유의해야 한다. 관계대명사 quale(i)는 관계대명사 che를 대신하여 '정관사 + quale(i)' 의 형태로 쓰이거나 관계대명사 che가 처리할 수 없는 전치사가 게재하는 문장을 '전치사 + 정관사 + quale(i)' 의 형태로 처리하는데 쓰인다. 하지만 최근에 quale는 '~와 같은' 의 의미로 쓰일 때 단독으로 출현하는 경향이 있다. 이 경우에는 선행사의 수를 반영하는 형태 quale(i)로 나타나며 뒤에는 선행사의 부분집합이라고 할 수 있는 하위성분들이 나열되어 나타난다.

◆ 예문 Il figlio della signora Martini, il quale ha studiato in America, parla bene l'inglese.

미국에서 공부한 마르티니 부인의 아들은 영어를 잘한다.

I ragazzi con i quali esco ogni sera sono fiorentini.

저녁마다 나랑 외출하는 그 애들은 피렌체 애들이야.

L'insegnante al quale ho telefonato è una persona simpatica.

내가 전화드렸던 그 선생님 정말 좋으신 분이다.

Le posso chiedere i dati personali, quali, per esempio, il nome, l'indirizzo e-mail, il numero di telefono, ecc.?

성명, 주소, 전화번호 등 개인정보를 여쭤봐도 되겠습니까?

문 형

A Sono belle le scarpe che hai comprato in quel negozio?

Sì, sono belle.

B Era bella la sua fidanzata che hai visto ieri?

Sì, era bellissima.

C Chi è quella che ti ha telefonato poco fa?

Era mia sorella.

D Per quale motivo studia l'italiano?

Lo studio per fare stilista di moda.

대화

A Ricorda tutto quello che ha studiato fino a qui?

B No. non ricordo tutto, ma ricordo solo quello che ho riguardato a casa.

A È importante ripetere a casa ciò che ha imparato a scuola.
Ma dov'è il ragazzo che si siede sempre qui davanti?

B Non è venuto oggi. Non so come mai.
Ieri sera abbiamo incontrato in piazza per caso un ragazzo con il quale abbiamo bevuto un po' di birra.
Forse per questo motivo è assente oggi, il che significa che sta male per l'alcool che abbiamo bevuto in piazza.

A Poverino!
Dunque, cominciamo la lezione di oggi.
Ieri abbiamo parlato del pronome relativo che è una parte difficile nella grammatica italiana.

연습문제 | 다음 물음에 이탈리아어로 답하시오.

ⓐ Come era la pizza che avete mangiato in pizzeria?

ⓑ Perché studiate l'italiano che è una lingua difficile?

ⓒ Qual è il film più bello che avete visto fino ad ora?

ⓓ Era contenta Sua madre per aver ricevuto il regalo di compleanno?

ⓔ Il libro che leggi è interessante?

La ragazza con cui ho parlato si chiama Siu. 32

나랑 얘기했던 그 아이의 이름은 시우다.

학습포인트

a. 관계대명사 cui

b. 관계대명사 chi

어휘

[명사]

cognato (처남, 매형) comportamento (행동)
dentista (치과의사) dottore (의사)
fidanzato (약혼자) figlia (딸)
genitori (부모) lavoro (일, 직업)
negozio (상점) paese (나라)
pronome relativo (관계대명사)
sigaretta (담배)

[형용사]

brutto (못생긴) gentile (친절한)
lento (느린) ricco (부유한)
strano (이상한) vietato (금지된)

[동사]

aprire (열다) chiamarsi (자신을 부르다)
crescere (성장하다) entrare (들어가다)
fumare (담배피우다) imparare (배우다)
intendere (의도하다) nascere (태어나다)
pensare (생각하다)

핵심문법

1 cui

관계대명사 cui는 그 형태가 불변이며 크게 보아 세 가지 용법으로 사용된다. '전치사 + cui', '정관사 + cui', '단독으로서의 cui' 가 그것이다. '전치사 + cui' 는 '전치사 + 정관사 + quale(i)' 로 대치될 수 있다. '정관사 + cui' 는 소유의 의미로 사용되며 여기에서 정관사는 cui 다음에 출현하는 명사의 성과 수를 반영한다. '단독으로서의 cui' 는 'a + 정관사 + quale(i)' 내지 'a cui' 를 대신하는 단순형태로 사용되기도 한다.

예문 La donna **con cui(=con la quale)** hai parlato si chiama Sihyun.
너와 함께 얘기했던 여인은 션이다.

La ragazza, **il cui fidanzato è ricco**, è brutta.
약혼자가 부자인 그 여자는 못생겼다.

La persona **cui(=a cui** 혹은 **alla quale)** scrivo una lettera si chiama Siu.
슈라는 사람에게 편지쓰고 있다.

관계대명사 cui는 그 형태가 불변이며 전술한 바와 같이 대게 세 가지 용법으로 사용된다. 먼저 '전치사 + cui' 는 관계대명사 che가 처리할 수 없는 전치사 게재문장을 처리하기 위한 도구로서 '전치사 + 정관사 + quale(i)' 와 동등한 가치로 사용된다. 둘째 '정관사 + cui' 는 소유의 의미로 사용되어 주로 문장의 중간에 삽입되는데 cui 앞의 정관사는 문장 전체의 선행사가 아닌 cui 다음에 출현하는 명사의 성과 수를 반드시 반영하여야 한다. 셋째 '단독으로서의 cui' 는 'a cui' 의 생략 형태로 사용되기도 한다.

예문 Il dottore **da cui(=dal quale)** sono andato è molto bravo.
내가 갔었던 병원 의사 훌륭하다.

I genitori, **la cui** figlia è in America, non stanno bene.
딸이 미국에 있는 그 부모는 잘 못 지낸다.

La donna **cui(=a cui** 혹은 **alla quale)** ho telefonato era molto gentile.

내가 전화했던 그 여인 정말 친절했다.

2 chi

관계대명사 chi는 그 형태가 불변이며 반드시 단수로 취급된다. '~하는 사람' 의 의미로서 일반적인 사람인 선행사를 자체로서 포함하고 있다. 따라서 chi가 쓰이는 곳에는 선행사가 출현할 수 없으며 'colui che~, colei che~, coloro che~, le persone che~' 로도 표현할 수 있다.

예문 Non mi piace chi parla lentamente.

천천히 말하는 사람 좋아하지 않는다.

A chi fuma, è vietato entrare.

흡연자는 출입금지다.

3 위에 언급한 네 가지 종류의 관계대명사 외에 관계부사인 dove, quanto 등도 관계대명사의 용법으로 사용되기도 한다.

예문 Sono cresciuta **dove** sono nata.

나는 태어난 곳에서 자랐다.

Devi pensare **a quanto(=a quello che)** hai fatto.

네가 한 일에 대해 생각해야 한다.

문 형

A Chi era la ragazza con cui parlavi?

Era Scion.

B Come era il dottore da cui sei andato?

Era bravissimo.

C Chi era il ragazzo piccolo, il cui comportamento era un po' strano?

Era mio cognato.

D Si può fumare qui?

No, chi vuole fumare deve andare fuori.

대 화

A Come si chiama la città da cui vieni?

B Londra.

A E quella dove vuoi andare?

B La città dove voglio andare è Milano.

A Ci vuoi andare per lavorare o per studiare?

B Per lavoro. Ho degli amici italiani, con cui apriremo un negozio.

A Che bello! Scusa, ma ce l'hai una sigaretta?

B Sì, ma qui non si può fumare.
Chi vuole fumare deve uscire fuori.
Usciamo insieme?

연습문제 | 다음 물음에 이탈리아어로 답하시오.

ⓐ Il dentista da cui vai spesso è bravo?

ⓑ Come si dice chi scrive con la mano sinistra?

ⓒ Ti piace il paese dove sei nato?

ⓓ Che cosa deve fare chi vuole parlare bene l'italiano?

ⓔ È difficile capire il pronome relativo che abbiamo imparato oggi?

---

33 Gli anziani vanno rispettati.

노인은 존중되어야 한다.

학습포인트 | a. 수동태

어휘

[동사]

costruire (건설하다)
curare (치료하다)
fondare (설립하다)
invitare (초대하다)
mandare (보내다)
portare (가져오다)
prendere (가져오다)
preparare (준비하다)
ricordare (기억하다)
rispettare (존경하다)
riunire (모이다)
servire (제공하다)
sporcare (더럽히다)
succedere (일이 생기다)
uccidere (살해하다)

[명사]

anziano (노인)
bar (바)
bottiglia (병)
camicia (셔츠)
cena (저녁식사)
dente (이)
dolce (과자)
domatore (조련사)
festa (잔치)
giovane (청년)
killer (킬러)
piazza (광장)
piramide (피라미드)
posta (우편)
romano (로마인)
supermercato (수퍼마켓)

[부사]

volentieri (기꺼이)

[형용사]

distratto (산만한)
elettronico (전자의)

핵심문법

1 수동문은 타동사가 개입된 능동문으로부터 도출된다. 능동문의 목적어가 수동문의 주어가 되어야 하기 때문이다. 다음은 시제에 따른 수동문의 도출을 간략히 설명해주고 있다.

현재 Beatrice legge il giornale.
Il giornale è letto da Beatrice.
베아트리체는 신문을 읽는다.

근과거 Il dottore ha curato i denti.
I denti sono stati curati dal dottore.
의사가 이를 치료해주었다.

미래 La signora manderà una posta elettronica.
La posta elettronica sarà mandata dalla signora.
여인은 전자우편을 보낼 것이다.

문장을 보고 수동문인지 아닌지 어떻게 파악할 수 있을까? 간단하다! 타동사라면 능동문에서 avere동사와 결합하는 과거분사의 형태를 보일텐데 essere동사와 결합한 형태를 보이기 때문에 쉽게 알아볼 수 있다.

2 수동문의 동사들은 essere + 과거분사의 형태를 하고 있는데 essere 대신에 venire 혹은 andare를 쓰기도 한다.

예문 Gli anziani vanno(=devono essere) rispettati dai giovani.
노인들은 젊은이들로부터 존중받아야 한다.

La donna viene uccisa da un killer.

여인은 킬러에 의해 살해되었다.

3 'si + 타동사 3인칭' 의 형태로 수동문을 만들기도 한다.

예문 Questo libro si legge volentieri da tutti.

모든 사람이 이 책을 기꺼이 읽을 수 있다.

In piazza si vedono molte persone.

광장에 많은 사람들이 보인다.

문 형

A Dove sono i dolci?

I dolci saranno stati mangiati da Siu.

B Da chi siamo stati invitati?

Da Gino.

C Che è successo?

Il domatore è stato mangiato dal leone.

D A che ora si può fare colazione?

La colazione sarà servita alle otto.

대 화

A Quante persone sono state invitate alla festa?

B Sette, credo.

A Non ho ancora preparato qualcosa da portare a casa di Enzo. Vorrei comprare una bottiglia di vino, ma il supermercato è già chiuso.
Come faccio?

B Andiamo a prenderlo in un bar. Il bar è ancora aperto.

A Va bene. Ma è stato invitato anche Massimo alla festa?

B Sì, viene anche lui.

A Massimo è un ragazzo distratto. Ti ricordi? L'ultima volta, quando ci siamo riuniti a casa di Fabio, la mia camicia è stata sporcata dagli spaghetti di Massimo.

연습문제 | 다음 물음에 이탈리아어로 답하시오.

ⓐ Quando è stata fondata la tua scuola?

ⓑ Le piramidi sono state costruite dai Romani?

ⓒ Sei mai stato invitato a cena da un italiano?

ⓓ Viene letto molto questo giornale?

ⓔ Si legge molto questo libro?

Vorrei un caffè.

34

커피 한잔 마시고 싶다.

학습포인트 | a. 조건법 현재

어휘

[동사]

abitare (거주하다) andare (가다)
bere (마시다) cercare (찾다)
credere (생각하다) dare (주다)
dire (말하다) dispiacere (싫어하다)
diventare (되다) dovere (해야한다)
fare (하다) fermarsi (서다, 멈추다)
pagare (지불하다) parlare (말하다)
potere (할수있다) rimanere (남다)
sapere (알다) sentire (듣다)
smettere (그만두다) stare (있다)
tenere (가지다) vedere (보다)
venire (오다) volere (원하다)

[형용사]

cortese (예의바른) felice (행복한)
gentile (친절한) meglio (더 나은)

[명사]

ape (벌) assassino (살인자)
dovere (의무) farfalla (나비)
frutta (과일) locale (지방선 열차)
polizia (경찰) specie (종류)
succo (즙) tempo (시간)

[기타]

come (~처럼) continuamente (계속해서)

핵심문법

1 조건법 현재의 규칙변형

조건법 현재					
	essere	avere	parlare	credere	sentire
io	sarei	avrei	parl-erei	cred-erei	sent-irei
tu	saresti	avresti	parl-eresti	cred-eresti	sent-iresti
lui/lei/Lei	sarebbe	avrebbe	parl-erebbe	cred-erebbe	sent-irebbe
noi	saremmo	avremmo	parl-eremmo	cred-eremmo	sent-iremmo
voi	sareste	avreste	parl-ereste	cred-ereste	sent-ireste
loro/Loro	sarebbero	avrebbero	parl-erebbero	cred-erebbero	sent-irebbero

-ciare - giare > comincerei, ... mangerei, ...

-care -gare > cercherei, ... pagherei, ...

2 조건법 현재의 불규칙변형

andare : andrei-andresti-andrebbe-andremmo-andreste-andrebbero

bere : berrei-berresti-berrebbe-berremmo-berreste-berrebbero

dare : darei-daresti-darebbe-daremmo-dareste-darebbero

dovere : dovrei-dovresti-dovrebbe-dovremmo-dovreste-dovrebbero

fare : farei- faresti-farebbe-faremmo-fareste-farebbero

potere : potrei-potresti-potrebbe-potremmo-potreste-potrebbero

rimanere : rimarrei-rimarresti-rimarrebbe-rimarremmo-rimarreste-rimarrebbero

sapere : saprei-sapresti-saprebbe-sapremmo-sapreste-saprebbero

stare : starei-staresti-starebbe-staremmo-stareste-starebbero
tenere : terrei-terresti-terrebbe-terremmo-terreste-terrebbero
vedere : vedrei-vedresti-vedrebbe-vedremmo-vedreste-vedrebbero
venire : verrei-verresti-verrebbe-verremmo-verreste-verrebbero
volere : vorrei-vorresti-vorrebbe-vorremmo-vorreste-vorrebbero

조건법 현재는 현재나 미래에 실현 가능한 희망을 표현할 때, 개인적인 의견을 완곡, 겸손하게 표현할 때, 그리고 상상, 위로, 부탁, 완곡한 명령, 조언, 확인되지 않은 사실, 가설, 요청 등을 보다 예의바르게 표현할 때 직설법 대신 사용한다.

예문 Secondo me, sarebbe meglio fare come dici tu.
내 생각에는 네가 말하는 대로 하는 편이 나을 것 같다.

Allora io farei la farfalla e tu potresti fare l'ape.
내가 나비 하고 넌 벌을 할 수 있겠다.

La polizia ha detto che l'assassino sarebbe una donna.
경찰은 살인자가 여자일 것이라 말했다.

문 형

A Andiamo al cinema stasera?
Ci verrei volentieri, ma non posso.

B Perché non telefoniamo a Clara?
Le telefonerei, ma non ho tempo.

C Che cosa sarebbe questo?
Sarebbe una specie di alcool.

D Che cosa prenderesti?
Prenderei un succo di frutta.

대 화

A　Questo treno si ferma ad ogni stazione.

B　Un locale è così.

A　Scusi, avrebbe un giornale per me?

B　Certo! Le potrei dare il mio!
　Lo prenda, ne sarei felice.

A　Grazie.

B　Dungue potrei smettere di leggere e così potremmo parlare.

A　Grazie, molto gentile.

B　Di niente, dovere.

연습문제 | 다음 물음에 이탈리아어로 답하시오.

ⓐ Saresti felice se diventassi ricco?

ⓑ Cosa compreresti se avessi molti soldi?

ⓒ Studierebbe continuamente l'italiano anche se non abbia soldi?

ⓓ Migliorerebbe la qualità della vita se studiassimo molto?

ⓔ Dove abiterebbe in futuro se potesse decidere?

---

35 Avrei studiato, ma non ho potuto.

공부했어야 했는데 그럴 수 없었다.

학습포인트 | a. 조건법 과거

어휘

[동사]

comportarsi (행동하다)	dormire (잠자다)
esistere (존재하다)	finire (끝내다)
provare (시도하다)	regalare (선물하다)
svegliarsi (잠에서 깨다)	tornare (돌아오다)

[명사]

agriturismo (농촌관광)	campagna (전원)
canto (노래)	cibo (음식)
estate (여름)	fidanzata (약혼녀)
funghi (버섯)	letto (침대)
mare (바다)	mese (월)
occasione (기회)	ospite (손님)
posto (자리, 장소)	ricerca (연구)
settimana (주)	uccello (새)
vacanza (휴가)	

[형용사]

incinta (임신한)	naturale (자연적인)
scorso (지나간)	simile (비슷한)
speciale (특별한)	

[기타]

andare a letto (잠자리에 들다)	di certo (확실히)
di sicuro (확실히)	direttamente (직접)

핵심문법

1 조건법 과거의 형태

Essere 혹은 Avere의 조건법 현재 + 과거분사

◐ 예 avrei studiato sarei venuto(a)
avremmo studiato saremmo venuti(e)

◐ 예문 Avrei finito il compito, ma avevo tanti ospiti oggi.
해야할 일을 끝냈어야 했는데 오늘 손님이 많아서 (그렇게 하지 못했다)

Sarei uscita con te ma ho dovuto studiare.
너와 함께 외출하고 싶었는데 공부해야 해서 (그렇게 하질 못했다)

2 조건법 과거는 과거에 실현할 수 없었거나 미래에 실현 가능성이 없는 희망을 표현할 때, 완곡, 겸손하게 과거의 일에 대한 개인적인 의견을 피력할 때, 실행되지 못한 과거의 기원, 희망 등을 표현할 때, 과거의 확인되지 않은 사실에 대한 가정을 표현할 때, '과거 속의 미래' 를 표현할 때 등에 사용한다.

◐ 예문 Sarei andato a Bologna, ma non ho potuto.
볼로냐에 가고 싶었는데 그렇게 할 수 없었다.

Domani andrei a Bologna, ma non potrò di certo.
내일 볼로냐에 갔어야 하지만 분명 그럴 수 없을 것이다.

Al posto tuo, non mi sarei comportato così.
내가 너였다면 그렇게 행동하지 않았을 것이다.

Silvia mi ha detto una settimana fa che sarebbe venuta ieri.
실비아가 어제 오겠다고 일주일 전에 내게 말했다.

문 형

A

Sei andata al mare durante le vacanze?

Sarei andata volentieri, ma ho dovuto finire la ricerca.

B

Sai perché Andrea non è venuto a lezione, oggi?

Mah, sarà rimasto a dormire.

C

Cosa ha detto Stefano?

L'altro giorno mi ha detto che sarebbe venuto ieri da me

D

Ha finito tutto?

L'avrei finito, ma non ho potuto.

대 화

A　Cosa farai quest'anno durante l'estate?

B　Mi piacerebbe andare in campagna.
Mangerei solo cibi naturali, andrei a letto presto, mi sveglierei con il canto degli uccelli.

A　Sarebbe bello! Ma esiste un posto simile?

B　Certo che esiste! Clara e Antonio sono andati in un agriturismo l'anno scorso.
Hanno detto che ci sarebbero tornati anche quest'anno.

A　Eh no! quest'anno non potranno di sicuro. Sai, Clara è incinta di tre mesi.

연습문제 | 다음 물음에 이탈리아어로 답하시오.

ⓐ Sarebbe restato a casa durante quest'estate se avesse potuto?

ⓑ Sarebbe già tornato a casa a quest'ora tuo padre?

ⓒ Non ha avuto l'occasione di parlare direttamente con gli italiani?

ⓓ Hai regalato qualcosa alla tua fidanzata nei giorni speciali?

ⓔ Ha mai provato a mangiare i funghi porcini?

---

36 Penso che abbia ragione Lei.

당신이 옳다고 생각한다.

학습포인트

a. 접속법 현재
b. 접속법 과거

어휘

[형용사]
ammalato (병난)
brutto (안 좋은)
certo (확실한)
esatto (정확한)
futuro (미래의)
giusto (옳은)
inutile (불필요한)
necessario (필요한)
probabile (있을 수 있는)
vero (진실의)

[명사]
esame (시험)
film (영화)
grammatica (문법)
notizia (소식)
partita (시합)
ragione (이유)
sogno (꿈)
treno (기차)

[부사]
abbastanza (어느정도)
mai (절대)
poco (조금)
subito (곧)

[동사]
cominciare (시작하다)
continuare (계속하다)
fare del proprio meglio (최선을 다하다)
guarire (회복하다)
informare (알려주다)
mandare (보내다)
partire (출발하다)
perdere (잃어버리다)
produrre (생산하다)
protestare (항의하다)
realizzare (실현하다)
ricevere (받다)
rimanere (남다)
riuscire a~ (~할 수 있다)
salire (오르다)
sapere (알다)
scegliere (선택하다)
sedere (앉다)
sembrare (~처럼 보이다)
spegnere (끄다)
sperare (희망하다)
succedere (~일어나다)
tenere (지니다)
uscire (나가다)

핵심문법

1 접속법 현재 규칙변형

접속법 현재						
	parlare	credere	sentire	capire	essere	avere
io	parl-i	cred-a	sent-a	cap-isca	sia	abbia
tu	parl-i	cred-a	sent-a	cap-isca	sia	abbia
lui/lei/Lei	parl-i	cred-a	sent-a	cap-isca	sia	abbia
noi	parl-iamo	cred-iamo	sent-iamo	cap-iamo	siamo	abbiamo
voi	parl-iate	cred-iate	sent-iate	cap-iate	siate	abbiate
loro/Loro	parl-ino	cred-ano	sent-ano	cap-iscano	siano	abbiano

2 접속법 현재 불규칙변형

andare : vada-vada-vada-andiamo-andiate-vadano

bere : beva-beva-beva-beviamo-beviate-bevano

dare : dia-dia-dia-diamo-diate-diano

dire : dica-dica-dica-diciamo-diciate-dicano

dovere : debba-debba-debba-dobbiamo-dobbiate-debbano

fare : faccia-faccia-faccia-facciamo-facciate-facciano

produrre : produca-produca-produca-produciamo-produciate-producano

rimanere : rimanga-rimanga-rimanga-rimaniamo-rimaniate-rimangano

salire : salga-salga-salga-saliamo-saliate-salgano

sapere : sappia-sappia-sappia-sappiamo-sappiate-sappiano

scegliere : scelga-scelga-scelga-scegliamo-scegliate-scelgano

sedere : sieda-sieda-sieda-sediamo-sediate-siedano

spegnere : spenga-spenga-spenga-spegniamo-spegniate-spengano

stare : stia-stia-stia-stiamo-stiate-stiano

tenere : tenga-tenga-tenga-teniamo-teniate-tengano

uscire : esca-esca-esca-usciamo-usciate-escano

venire : venga-venga-venga-veniamo-veniate-vengano

volere : voglia-voglia-voglia-vogliamo-vogliate-vogliano

3 접속법 현재와 과거

형태 : essere, avere의 접속법 현재+동사의 과거분사

예 abbia mandat**o**(mandare); sia arrivat**o/a**(arrivare)
abbiate ricevut**o**(ricevere); siano partit**i/e**(partire)

주절이 현재이고 종속절이 현재/과거임을 표현할 때 사용

예 Penso che Clara finisca / abbia finito il lavoro.
클라라가 일을 끝내리라 / 이미 끝냈으리라 생각한다.

Credo che il film cominci / sia già cominciato.
영화가 시작하리라 / 이미 시작되었을 것이라 생각한다.

4 접속법의 사용

접속법은 주로 복문에서 사용되는 것으로 종속절 내의 동사에 적용되며 종속절 내 동사가 직설법이어야 하는지, 접속법이어야 하는지에 대한 결정권은 관계대명사 이전의 동사 혹은 표현이 이미 갖고 있다. 따라서 관계대명사 이전의 동사 내지 표현이 종속절 내 동사의 양태가 어떠해야 하는지를 미리 규제하고 있다고 할 수 있다.

◐ 예문 Spero che il tuo esame sia andato bene.
네가 시험을 잘 치렀기를 바란다.

Ti informo che il tuo esame è andato bene.
너 시험 잘 봤더라.

접속법은 동사의 양태 및 작용에 관련된 것으로 주절에서 개인적인 의견, 희망, 축하, 의지, 두려움, 불명확성, 의심, 기대, 가정 등과 같은 화자의 주관적 심리상태를 나타내는 동사나 특정표현이 등장할 때 종속절에 적용되는 방식이다. 반면 직설법은 객관적인 사실, 확인된 정보, 확실성 등을 표현하는 방식이다. 따라서 직설법과 접속법의 사용을 가르는 가장 근본적인 개념은 **객관성과 주관성**의 차이라 할 수 있다.

◐ 예문 Mi dispiace che il tuo esame sia andato male.
네가 시험을 못봤다니 유감이다.
Penso che lui sia già arrivato.
그가 이미 도착했을 것이라 생각한다.
Voglio che le cose vadano bene.
일이 잘되기를 바란다.
Ho paura che tu perda il treno.
네가 기차 놓칠까 두렵다.

접속법은 다음과 같은 비인칭 표현에 의해 도입되기도 한다.

◐ 예문 È inutile che voi continuiate a protestare.
너희들이 계속해서 저항해도 소용없다.

Bisogna che voi abbiate capito bene la grammatica.
너희들이 문법을 잘 이해했을 필요가 있다.

접속법 시제의 차이를 비교해 보자.

예문 Penso che Silvia abbia ragione.

나는 실비아가 옳다고 생각한다.

Penso che Silvia abbia avuto ragione.

나는 실비가 옳았다고 생각한다.

Penso che Silvia sia partita.

실비아가 떠났다고 생각한다.

Penso che Silvia parta (partirà) domani.

실비아가 내일 떠날 것이라 생각한다.

문 형

A Andrea sarà molto felice?

Benché sia ricco, non è felice.

B Devo andare in Italia per imparare l'italiano?

È necessario che tu vada in Italia.

C Pensi che Luigi sia nel giusto?

Sì, penso che abbia ragione.

D Credi che Silvia abbia già fatto il suo compito?

Credo di sì.

E Com' è andato l'esame?

Penso che sia andato bene.

대 화

A Vengono Clara e Antonio a cena?

B È certo che viene Antonio perché me lo ha detto ieri.
Non sono certo però che venga Clara, in quanto sua madre sta poco bene.

A Che cosa è successo alla madre di Clara?

B Non lo so esattamente, ma può darsi che sia ammalata.

A Mi dispiace veramente di aver sentito questa brutta notizia.
La madre di Clara è la persona più simpatica che abbia mai visto.

B Sì, è vero. Speriamo che guarisca subito.
Dunque, tu vai in Italia? L'ho sentito da Marco.

A Sì, è probabile che io vada a Roma questo settembre. Ci rimarrò per un anno.
È necessario che io impari bene l'italiano per il mio futuro lavoro.

연습문제 | 다음 물음에 이탈리아어로 답하시오.

ⓐ Credi che lui parli abbastanza bene l'italiano?

ⓑ Credi che abbia fatto del suo meglio nello studio?

ⓒ Hai paura che lui non riesca a realizzare il suo sogno?

ⓓ Sei certo che l'italiano è una lingua difficile?

ⓔ Come ti sembra la lingua italiana?

Pensavo che lui parlasse bene l'italiano. 37

그가 이탈리아어를 잘 할 것이라고 생각했다.

학습포인트 | a. 접속법 반과거와 대과거

어휘

[동사]

cambiare (바꾸다)
comprare (사다)
credere (생각하다)
cuocere (요리하다)
frequentare (~다니다)
muovere (이동시키다)
preferire (더 좋아하다)
produrre (생산하다)
sbagliare (실수하다)
scegliere (선택하다)
sembrare (~처럼 보이다)

[형용사]

commerciale (상업의)
famoso (유명한)
perfetto (완벽한)
unico (유일한)

[명사]

aereo (비행기)
biglietto (표)
cinese (중국인)
commercio (상업, 무역)
economia (경제)
facoltà (학부)
famiglia (가족)
giapponese (일본인)
laurea (대학학위)
paura (두려움)
problema (문제)
ragione (이유, 이성)
scelta (선택)
situazione (상황)
strada (길)
studio (공부, 연구, 연구실)
voglia (희망)

핵심문법

1 접속법 반과거 규칙변형

접속법 반과거						
	parlare	credere	sentire	capire	essere	avere
io	parl-assi	cred-essi	sent-issi	cap-issi	fossi	avessi
tu	parl-assi	cred-essi	sent-issi	cap-issi	fossi	avessi
lui/lei/Lei	parl-asse	cred-esse	sent-isse	cap-isse	fosse	avesse
noi	parl-assimo	cred-essimo	sent-issimo	cap-issimo	fossimo	avessimo
voi	parl-aste	cred-este	sent-iste	cap-iste	foste	aveste
loro/Loro	parl-assero	cred-essero	sent-issero	cap-issero	fossero	avessero

2 주요 불규칙동사의 접속법 반과거 변형

bere : bevessi-bevessi-bevesse-bevessimo-beveste-bevessero

cuocere : cocessi-cocessi-cocesse-cocessimo-coceste-cocessero

dare : dessi-dessi-desse-dessimo-deste-dessero

dire : dicessi-dicessi-dicesse-dicessimo-diceste-dicessero

fare : facessi-facessi-facesse-facessimo-faceste-facessero

muovere : movessi-movessi-movesse-movessimo-moveste-movessero

produrre : producessi-producessi-producesse-producessimo-produceste-producessero

stare : stessi-stessi-stesse-stessimo-steste-stessero

3 접속법 대과거

형태 : avere 혹은 essere의 접속법 반과거 + 동사의 과거분사

예 avessi mandato(mandare); fosse arrivato/a(arrivare)

주절이 과거이고 종속절이 그 보다 선행되는 과거일 때 사용된다.

◯ 예 Pensavo che Clara avesse comprato il biglietto dell'aereo.
클라라가 비행기표를 샀을 것이라 생각했다.
Avevo paura che il film fosse già cominciato.
영화가 이미 시작되었을까봐 걱정했다.

4 접속법 반과거와 대과거의 사용

앞 과에서 살펴보았던 접속법 현재 및 과거와 마찬가지로 접속법 반과거 및 대과거 또한 화자의 주관적 판단들을 표현하는데 쓰이는 용법이기는 마찬가지인데 주관성을 표현하는 주절의 시제가 과거로 표현될 경우 종속절의 동사들은 접속법 반과거 내지 대과거로 표현되어야 한다.

◯ 예문 Non sapevo che lui avesse voglia di andare in Italia.
그가 이탈리아에 가고 싶어한 걸 알지 못했다.

Pensavo che lui parlasse bene l'italiano.
그가 이탈리아어를 잘 할 것이라 생각했다.

Pensavo che Clara avesse finito di lavorare.
클라라가 일을 끝냈으리라 생각했다.

Pensavo che Clara fosse arrivata al lavoro.
클라라가 직장에 도착했을 것이라 생각했다.

Pensavo che Clara arrivasse (sarebbe arrivata) il giorno dopo.
클라라가 다음날 도착할 것이라 생각했다.

문 형

A

Cosa credeva Sandra?

Sandra credeva che voi aveste ragione.

B

Monica, pensava che io fossi cinese?

No, credeva che fossi giapponese.

C

Ti sembrava che lui avesse capito la situazione?

Sì, mi sembrava che l'avesse capita perfettamente.

D

Cosa pensavi di lei?

Pensavo che lei fosse una persona simpatica.

대화

A Tuo padre preferiva che tu facessi gli studi commerciali, vero?

B Sì, per questo, ho scelto la facoltà di Economia e Commercio e ho finito gli studi due anni fa.

A Allora, per quanti anni hai studiato?

B Ci ho messo 10 anni per prendere quella famosa laurea.
Per me, non era facile finire gli studi. Pensavo di aver fatto la scelta sbagliata e di cambiare strada nei primi anni universitari. Però, insomma, ho finito l'università.

A Non avevi problemi con tua madre durante la vita universitaria?

B Come no? Mia madre si era già stancata. Non vedeva l'ora che io finissi di studiare. Io ero l'unico problema della mia famiglia.

연습문제 | 다음 물음에 이탈리아어로 답하시오.

ⓐ Pensavi di aver scelto bene l'università?

ⓑ Perché pensavi che l'italiano non fosse facile da studiare?

ⓒ Che cosa volevi fare dopo aver frequentato l'università?

ⓓ Pensava che tu studiassi bene l'italiano?

ⓔ Era necessario che tu andassi in Italia per parlare l'italiano?

---

38 Nonostante abbia mal di testa, devo studiare di più.

머리가 아픈데도 더 공부해야 한다.

학습포인트 | a. 특이한 경우의 접속법

어휘

[동사]

accompagnare (동행하다)
aprire (열다)
arrabbiarsi (화나다)
decidere (결정하다)
fidarsi (신뢰하다)
interessare (관련되다)
pagare (지불하다)
ricordare (기억하다)
rispondere (응답하다)
scegliere (선택하다)
seguire (따르다)
servire (~쓰이다)
tornare (돌아오다)
trattare (다루다)

[명사]

argomento (주제)
capitolo (챕터)
discussione (토론)
dispiacere (불쾌함)
guerra (전쟁)
mal di testa (두통)
mondo (세상)
montagna (산)
notizia (소식)
servo (하인)
Società (회사)

[기타]

a condizione che (~의 조건하에서)
a patto che (~전제하에)
altrimenti (그렇지 않으면)
attualmente (실제로)
chiunque (누구든)
dato che (~이기 때문에)
in corso (진행중)
nel caso che (~일 경우에)
nulla (아무것도)
prima che (~전에)
qualunque (어떤 것이든)
sebbene (~라 할지라도)

핵심문법

1 이번 과에서는 관계대명사 che 없이 독자적으로 접속법 동사를 요구하는 다음의 몇몇 표현들에 대해 살펴보기로 하자.

예문 Chiunque telefoni, non devi rispondere.
누가 전화하더라도 받지마.

Enzo è più intelligente di quanto tu creda.
엔초는 네가 생각하는 것보다 더 똑똑하다.

Qualunque cosa tu decida, ti seguirò.
네가 무슨 결정을 하든 난 널 따르마.

Ci vengo, a condizione che qualcuno mi accompagni a casa.
누군가 날 집에 데려다주면 갈게.

Sia che piovesse, sia che nevicasse, lui andava sempre in montagna.
그는 비가 오나 눈이 오나 늘 산에 가곤 했다.

Chi sia quell'uomo, lo sanno tutti.
그 사람이 누구인지 누구나 다 안다.

이렇게 독자적으로 접속법동사를 요구하는 표현들을 일일이 나열하기는 불가능하지만 이탈리아어의 학습량과 어휘량이 증가하면 자연스럽게 습득되므로 위에 든 몇 가지 예로 만족하기 바란다.

문 형

A Perché non glielo hai detto?

Non gliel'ho detto, non perché non mi fidassi di lui, ma perché non volevo dargli un dispiacere.

B La tua fidanzata è bella?

È la ragazza più bella che io conosca.

C Hai detto tutto alla tua ragazza, vero?

No. Sebbene non gli avessi detto nulla, lei sapeva già tutto.

D Perché ti sei arrabbiato così?

Lui mi tratta come se fossi un suo servo.

대 화

A Dato che abbiamo ancora venti minuti di tempo prima che la lezione finisca, apriamo il libro, scegliamo un argomento che interessi tutti per la discussione. Qualsiasi argomento scegliate, ricordate che dovete parlare tutti, altrimenti queste discussioni non servono a nulla.

B Parliamo delle guerre nel mondo. Ho già letto il giornale di oggi e ho visto che dà notizie su almeno tre guerre attualmente in corso.

A Va bene. Parliamo di questo argomento purché anche gli altri siano d'accordo e a patto che tutti abbiano qualcosa da dire. Allora va bene a tutti?

연습문제 | 다음 물음에 이탈리아어로 답하시오.

ⓐ **Tornerete a casa adesso prima che piova?**

ⓑ **Avete capito tutto perfettamente?**

ⓒ **Benché abbia mal di testa studierà continuamente?**

ⓓ **Lavorerai anche in una piccola Società a condizione che ti paghino bene?**

ⓔ **Puoi stare fuori fino a tardi nel caso che il tuo amico ti accompagni?**

---

39 Se piove, non esco.

비가 온다면 안 나가겠다.

학습포인트 | a. 가정문의 구성

어휘

[명사]

ali (날개)
caso (경우)
ciliegia (버찌)
denaro (돈)
guerra (전쟁)
maestra (여선생님, 장인)
metrò (지하철)
modo (방식)
pace (평화)
presidente (대통령)
Repubblica (공화국)
sorella (여동생, 언니)
spirito (영)
stagione (계절)
Terra (지구)
uccello (새)
uomini (남자)

[동사]

aiutare (돕다)
ammettere (허락하다)
andarsene (가버리다)
chiamare (~를 부르다)
perdere (놓치다)
restare (~머무르다)
risolvere (해결하다)
riuscire a (~할 수 있다)
stabilire (세우다, 설정하다)
supporre (가정하다)
volare (날다)

[기타]

attento (조심스런)
fuori (밖에)
lo stesso (마찬가지로)
migliore (더나은)
qualcuno (누군가)
secco (마른)

핵심문법

1 가정문은 일반적으로 se로 시작되는 조건절과 그에 따른 귀결절로 구성되며, 다음과 같은 세 가지 종류의 가정문으로 사용된다.

현실

Se piove, non esco. (직설법 현재 + 직설법 현재)
비오면 안 나갈래.

Se pioverà, non uscirò. (직설법 미래 + 직설법 미래)
비 오면 안 나갈래.

실현가능

Se potessi, ti aiuterei
할 수만 있다면 널 도와줄게. (se + 접속법 반과거 + 조건법 현재)

비현실

Se avessi avuto molti soldi, avrei comprato una macchina.
돈이 많았다면 차를 샀을텐데. (se + 접속법 대과거 + 조건법 과거)

Se potevo, ti aiutavo.
할 수만 있었다면 널 도왔을 것이다. (se + 직설법 반과거 + 직설법 반과거)

2 가정문이 언제나 'se' 와 같은 기능을 하는 다음의 표현들도 있다.

예 Nel caso in cui telefonasse qualcuno, di'che sono fuori.
누군가 전화하면 내가 밖에 있다고 말하라.

Caso mai Lei non fosse riuscita a risolvere il problema, potrà chiamare Silvia.
그 문제를 해결할 수 없을 경우 실비아에게 전화 하시지요.

문 형

A Come mai gli inglesi bevono tanto volentieri il té?
Se bevessi il loro caffè, capiresti.

B Quando arriveresti se partissi oggi per l'Italia?
Se partissi oggi, arriverei domani.

C Cosa faresti se tu avessi le ali?
Se io avessi le ali, volerei come un uccello.

D Quale può essere il modo migliore per stabilire la pace sulla Terra?
Se gli uomini si amassero, non ci sarebbero più guerre.

E Non esci se piove?
No, esco lo stesso.

대 화

A Sta attento, Massimo. Se in tavola ci fossero tre ciliege e tua sorella ne mangiasse una, quante ne resterebbero?

B Ma questo è impossibile, maestra. In questa stagione non ci sono ciliege.

A Ammettiamo che questa sia la stagione delle ciliege.

B Forse Lei parla di ciliege sotto spirito?

A No.

B Allora di ciliege secche?

A Ma no, ti dico. Supponi che in tavola ci siano tre ciliege.

B Va bene, supponiamolo.

A Ora viene tua sorella, le vede, ne mangia una e se ne va.

B Non può essere. Mia sorella non se ne va se non le ha mangiate tutte.

연습문제 | 다음 물음에 이탈리아어로 답하시오.

ⓐ **Cosa avrebbe fatto, se avesse perso l'ultima metrò?**

ⓑ **Dove sarebbe andata in vacanza l'anno scorso, se avesse avuto denaro?**

ⓒ **Cosa farebbe se fosse il Presidente della Repubblica?**

ⓓ **Che cosa avresti fatto se avessi avuto tanti soldi?**

ⓔ **Cosa farai se piove?**

---

40 Penso che Massimo lavori.

마시모가 일하고 있을 것이라고 생각해.

학습포인트

a. 직설법 시제의 일치
b. 접속법 시제의 일치
c. 조건법 시제의 일치

어휘

[동사]

correggere (수정하다)
crescere (자라다)
invitare (초대하다)
perdere (잃어버리다)
preoccuparsi (걱정하다)
prestare attenzione (주의를 기울이다)
promettere (약속하다)
rendere (주다)
rischiare (위험을 무릅쓰다)
venire (오다)

[명사]

aspirina (아스피린)
biblioteca (도서관)
erba (풀)
esame (시험)
momento (순간)
scuola (학교)
verità (진실)
volta (회, 번)

[형용사]

possibile (가능한)
ridicolo (우스운)
sicuro (확실한, 안전한)
sincero (진지한)
ultimo (마지막의)

핵심문법

1 직설법 시제의 일치

주절	종속절		
기준	동시제	선행시제	후행시제
So che Enzo	va a Roma oggi. studia l'italiano.	è andato a Roma ieri. ha studiato l'italiano.	andrà a Roma domani. studierà l'italiano.
Sapevo che Enzo	andava a Roma quel giorno. studiava l'italiano.	era andato a Roma il giorno prima. aveva studiato l'italiano.	sarebbe andato a Roma il giorno dopo. avrebbe studiato l'italiano.
Sapro' che Enzo	andrà/va a Roma quel giorno. studierà/studia l'italiano.	sarà/è andato a Roma il giorno prima. avrà/ha studiato l'italiano.	andrà a Roma il giorno dopo. studierà l'italiano.

2 접속법 시제의 일치

주절	종속절		
기준	동시제	선행시제	후행시제
Penso che Enzo	vada a Roma oggi. studi l'italiano.	sia andato a Roma ieri. abbia studiato l'italiano.	andrà a Roma domani. studierà l'italiano.
Pensavo che Enzo	andasse a Roma quel giorno. studiasse l'italiano.	fosse andato a Roma il giorno prima. avesse studiato l'italiano.	sarebbe andato a Roma il giorno dopo. avrebbe studiato l'italiano.
Pensero' che Enzo	vada/andrà a Roma quel giorno. studi/studierà l'italiano.	sia/sarà andato a Roma il giorno prima. abbia/avrà studiato l'italiano.	vada a Roma il giorno dopo. studi l'italiano.

3 조건법 시제의 일치

조.현재+se+접.반과거	ti accompagnerei volentieri, se avessi la macchina.
조.현재+se+접.대과거	Ora starei meglio se fossi gia andato dal medico.
조.과거+se+접.대과거	Tel'avrei detto se l'avessi potuto.
직.현재+che+조.현재	Penso che lui possa(=potrebbe) aiutarmi. (현재 혹은 미래의 가능성)
직.과거+che+조.과거	Sapevo che Enzo avrebbe studiato il giorno dopo. (과거 속의 미래)
직.과거+che+조.과거	Pensavo che Enzo sarebbe andato a Roma il giorno dopo. (과거 속의 미래)

문 형

A Cosa ha fatto Silvia sabato scorso?
Daniele dice che quel giorno è andata a cena da Enzo.

B Dov' è andato Luigi?
Ho visto che studiava in biblioteca.

C Quando arriva Luigi?
Penso che lui sia già arrivato.

D Secondo te, loro sono sinceri?
Non sono certa che loro dicano la verità

E Massimo non ha studiato per l'esame di oggi. Non studia mai!
Pensavo che avrebbe studiato molto fino a ieri.

대화

A Pronto? Sei tu Alessio? Quando vieni?

B Ciao, mamma! ti telefono per dirti che arriverò domani.

A Davvero? Ma sei proprio sicuro?
Anche l'altra volta hai promesso che saresti venuto e poi, all'ultimo momento, mi hai detto che non era possibile.

B Non ti preoccupare, mamma.

A Voglio che mi prestiate attenzione.

B Oh! Comincia proprio male! Qui l'erba "voglio" non cresce.

A Scusatemi. Correggo: vorrei la vostra attenzione.

B Ora va meglio. Può cominciare.

A Hai deciso cosa fare?

B Mah, non lo so. Se glielo dico, rischio di rendermi ridicolo. Se non glielo dico, rischio di perderla per sempre, e questo mi dispiacerebbe molto. Ma se tu fossi al mio posto, cosa faresti?

A Se fossi in te, la inviterei a cena e le direi tutto

연습문제 | 다음 물음에 이탈리아어로 답하시오.

ⓐ Pensi che tua madre sia già a letto?

ⓑ Quando si sente male, prende le aspirine?

ⓒ Non vedi che è veramente offesa?

ⓓ Quando pensi di venire a scuola oggi?

ⓔ Quando pensa di tornare a casa oggi?

SOLUZIONI

(가능한 해답은 여러 가지가 있을 수 있으나 각 문항 당 한 개의 답 만을 제시하였습니다.)

LEZIONE 01:

a) Sì, questo è un libro. / No, non è un libro.
b) Sì, sono finestre. / No, non sono finestre.
c) Sì, sono orologi. / No, non sono orologi.
d) Sono libri. / Sono penne.
e) Sì, sono giornali. / No, non sono giornali.

LEZIONE 02:

a) Sì, sono italiano. / No, non sono italiano.
b) No, non sono francese, sono coreano.
c) Sì, è coreano.
d) No, siamo coreani.
e) Sono insegnante.

LEZIONE 03:

a) No, non è alta.
b) È Seoul.
c) Sì, è vecchia.
d) No, non è corto, è lungo.
e) È facile.

LEZIONE 04:

a) Sì, è interessante.
b) Sì, è facile.
c) Sì, è molto spesso.
d) Sì, è un Paese europeo. / Sì, lo è.
e) No, non è piccola, ma è grande.

LEZIONE 05:

a) Sì, è bellissimo.
b) Sì, è a Venezia.
c) Sono sul tavolo.
d) Sì, siamo buoni amici. / Sì, lo siamo.
e) Sì, è in Vaticano.

LEZIONE 06:

a) È di fronte a te.
b) Sì, è sulla sedia.
c) Sì, sono nel cassetto.
d) Sì, è nel Mediterraneo.
e) Sì, è vicina alla porta.

LEZIONE 07:

a) Abbiamo due occhi.
b) No, non abbiamo la coda.
c) Ha due orecchi.
d) Sì, abbiamo due occhi.
e) Sì, ha la coda.

LEZIONE 08:

a) Sì, c'è la neve in inverno.
b) Siamo in luglio.
c) Sì, c'è molta pioggia in estate.
d) Sì, ci sono le lezioni.
e) Sì, c'è grande differenza.

LEZIONE 09:

a) Il mio compleanno è il 22 settembre.
b) Oggi è il 2 maggio.
c) Oggi è mercoledì.
d) Lunedì e martedì.
e) È mercoledì.

LEZIONE 10:

a) Sono le cinque e dieci.
b) Sì, ho un orologio.
c) No, sono le sei meno dieci.
d) Alle undici.
e) Per dieci minuti.

LEZIONE 11:

a) No, è rossa.
b) Sì, è mia.
c) Il mio cognome è Rossi.
d) Sì, è bravo.
e) Il mio numero di telefono è 010 1122334

LEZIONE 12:

a) No, è coreana.
b) Fa il professore.
c) Abita a Seoul.
d) Sì, insegna chimica.
e) Lei è impiegata.

LEZIONE 13:

a) No, non leggo molto.
b) Leggo solo un giornale.
c) Sì, ci vado.
d) Sì, mangio gli spaghetti molto spesso.
e) Sì, lo conosco bene.

LEZIONE 14:

a) Aprono alle nove.
b) Sì, lo capisco bene.
c) Esco alle cinque.
d) Sì, apriamo la finestra.
e) Sì, sento spesso la musica.

LEZIONE 15:

a) Sì, lo parlo.
b) Ne scrivo almeno due al giorno.
c) Lo mettiamo sul tavolo.
d) Sì, compriamoli.
e) Sì, li conosciamo.

LEZIONE 16:
a) Sì, te lo presto.
b) Sì, scrivo loro qualche volta.
c) Danno del "tu".
d) "Buon giorno!".
e) No, non mi dà fastidio.

LEZIONE 17:
a) Sì, me le stira.
b) No, non ogni giorno.
c) Per andare in Italia a studiare la moda.
d) Li metto in lavatrice.
e) Le regalo un mazzo di fiori.

LEZIONE 18:
a) Sì, mi piace.
b) Sì, mi piacciono gli animali.
c) Mi piace di più il pesce.
d) Frequento l'Università dell' Hankuk.
e) Sì, lo salutiamo.

LEZIONE 19:
a) No, non posso.
b) No, non posso perché la tasca è troppo piccola.
c) Vanno in birreria.
d) Devo studiare molto.
e) Devo comprare il biglietto.

LEZIONE 20:
a) Si deve andare a Roma.
b) Si deve vincere al lotto.
c) No, non si può.
d) Si deve praticare molto.
e) Si devono preparare i documenti.

LEZIONE 21:

a) È il sig. Kim Hankuk.
b) Sì, lo è.
c) No, non lo è.
d) No, è meno sicuro.
e) Sì, Milano è più importante industrialmente.

LEZIONE 22:

a) Mi chiamo Kim Hankuk.
b) Mi alzo tardi.
c) Mi pulisco i denti tre volte al giorno.
d) Sono nell'Università.
e) Mi lavo e mi vesto.

LEZIONE 23:

a) Riposati dopo cena. / Si riposi.
b) Dici la verità. / Dica la verità.
c) Portami il giornale. / Mi porti il giornale.
d) Chiedi un favore al professore. / Chieda un favore.
e) Dagli il latte. / Gli dia il latte.

LEZIONE 24:

a) Mi alzerò presto.
b) Andrò in piazza.
c) Andrò in Italia.
d) Lavorerò in una ditta.
e) Faremo delle fotografie.

LEZIONE 25:

a) Ieri era venerdì.
b) Parlavo con i compagni.
c) Volevo diventare un medico.
d) Ero un bambino molto distratto.
e) Sì, ci andavo spesso.

LEZIONE 26:

a) Mi sono alzato alle sette.
b) Sì, ho bevuto tanto.
c) Mi sono innamorato quando avevo sedici anni.
d) Sì, ci sono stato solo una volta.
e) Ieri ho pranzato con gli amici.

LEZIONE 27:

a) No, non ha voluto.
b) Sì, ci sono potuta andare.
c) Sì, ho dovuto fare in fretta.
d) Sì, ho dovuto studiare molto.
e) No, non ci sono voluti andare.

LEZIONE 28:

a) Sì, gliel' ho comunicato.
b) Sì, le ho portate.
c) No, non l' ho dimenticato.
d) Sì, gliel'ho regalato.
e) Sì, ce li siamo tagliati.

LEZIONE 29:

a) Abito in città.
b) Mi sposerò tardi.
c) Guido molto prudentemente.
d) Sì, ho studiato abbastanza.
e) Non lo so neanch'io.

LEZIONE 30:

a) Stavo studiando.
b) Sì, mangiando, parlo sempre.
c) Sono negli Stati Uniti.
d) Stiamo disegnando.
e) Disgustosa.

LEZIONE 31:

a) Era buonissima.
b) Perché è una lingua bella e musicale.
c) Il film più bello è "Gomorra", secondo me.
d) Sì, era contentissima.
e) Sì, è interessantissimo.

LEZIONE 32:

a) Sì, il dentista da cui vado è molto bravo.
b) Chi scrive con la mano sinistra è mancino.
c) Sì, mi piace.
d) Deve studiarlo e praticarlo.
e) Sì, è veramente difficile.

LEZIONE 33:

a) È stata fondata nel 1970.
b) No, sono state costruite dagli egiziani.
c) Sì, sono stato invitato molte volte da Giuseppe.
d) Sì, è famosissimo.
e) Sì, viene letto da molte persone.

LEZIONE 34:

a) Sì, sarei molto felice.
b) Comprerei una Ferrari.
c) Sì, lo studierei lo stesso.
d) Sì, migliorerebbe sicuramente.
e) Abiterei in campagna.

LEZIONE 35:

a) Sì, sarei restato a casa per riposare.
b) Sì, sarebbe già tornato.
c) Avrei voluto, ma non ho avuto l'occasione.
d) Avrei voluto regalarle un diamante, ma non ho potuto.
e) Avrei provato se ci fossero in Corea.

LEZIONE 36:

a) Sì, credo che parli benissimo.
b) No, non credo che lui abbia fatto del suo meglio.
c) Sì, ho paura che lui non realizzi il suo sogno.
d) Sì, ne sono certo.
e) Mi sembra che sia una lingua difficile.

LEZIONE 37:

a) Sì, lo pensavo all'inizio.
b) Pensavo che l'italiano fosse una lingua troppo diversa dalla mia.
c) Volevo diventare un famoso stilista, ma non ho potuto.
d) Sì, pensava che io studiassi molto bene l'italiano.
e) Certo, era indispensabile di andarci per parlare bene l'italiano.

LEZIONE 38:

a) Nonostante il tempo sia grigio, continueremo a giocare fuori.
b) Credo di sì. Abbiamo rivisto tutto quello che non avevamo capito bene.
c) Nonostante abbia mal di testa, continuerò a studiare.
d) Lavorerò anche se mi paghino poco.
e) Benché il mio amico non abbia la macchina, resterò fuori fino a tardi.

LEZIONE 39:

a) Lui avrebbe preso il taxi senza problemi.
b) Lei sarebbe andata in America.
c) Aiuterei le persone povere.
d) Io avrei comprato un appartamento nella zona più ricca.
e) Se piove, andrei in biblioteca.

LEZIONE 40:

a) Sì, penso che lei sia a letto.
b) Sì, quando mi sento male prendo le aspirine.
c) Ah, Sì? non me ne sono accorto.
d) Penso di venirci più tardi.
e) Ci tornerei subito dopo il lavoro.

이탈리아어 40강

초판 1쇄 발행 2006년 10월 30일
초판 6쇄 발행 2017년 9월 8일

지은이 조문환
발행인 김인철
총괄 · 기획 가정준 Director, University Knowledge Press
편집장 신선호 Executive Knowledge Contents Creator
도서편집 김민정 Contents Creator
전자책편집 이리나 e-Contents Creator
재무관리 김은혜 Managing Creator
마케팅 파트장 백승이 Chief Marketing Creator
마케팅 박종원 Marketing Creator
발행처 한국외국어대학교 지식출판원
02450 서울특별시 동대문구 이문로 107
전화 02)2173-2493~7
팩스 02)2173-3363
홈페이지 http://press.hufs.ac.kr
전자우편 press@hufs.ac.kr
출판등록 제6-6호(1969. 4. 30)
디자인 · 편집 (주)이환디앤비 02)2254-4301
인쇄 · 제본 네오프린텍 02)718-3111

ISBN 978-89-7464-425-3 18780 정가 13,000원

*잘못된 책은 교환하여 드립니다.

HUiNE은 한국외국어대학교 지식출판원의 어학도서, 사회과학도서, 지역학 도서 Sub Brand이다. 한국외대의 영문명인 HUFS, 현명한 국제전문가 양성(International +Intelligent)의 의미를 담고 있으며, 휴인(携引)의 뜻인 '이끌다, 끌고 나가다'라는 의미처럼 출판계를 이끄는 리더로서, 혁신의 이미지를 담고 있다.

이 책의 음원(mp3)은 한국외국어대학교 지식출판원 홈페이지(press.hufs.ac.kr) - 게시판 - 자료실에서 다운받아 사용하시기 바랍니다.